EBS 최고의요리비결6 박경신 선생님 편

1판 4쇄 발행 2020년 03월 20일

지은이 | 박경신
펴낸이 | 김선숙, 이돈희
펴낸곳 | 그리고책

주소 | 서울시 서대문구 연희로 192(연희동76-22, 이밥차 빌딩)
대표전화 | 02-717-5486~7
팩스 | 02-717-5427
홈페이지 | www.andbooks.co.kr
출판등록 | 2003년 4월 4일 제 10-2621호

편집책임 | 박은식
편집진행 | 홍상현
요리 어시스트 | 김남희, 이경희
영업 | 이교준
마케팅 | 장지선
경영지원 | 문석현
교열 | 김혜정
포토디렉터 | 율스튜디오 박형주
포토그래퍼 | 조민정, 안가람
푸드 스타일링 | 고윤희, 김윤진
디자인 | 편집회사 미담

ⓒ2020 그리고책
ISBN 978-89-97686-72-8 14590
       978-89-97686-13-1 (세트)

* All rights reserved. First edition printed 2016. Printed in Korea
* 이 책을 무단 복사, 복제, 전재하는 것은 저작권법에 저촉됩니다.
* 잘못 만들어진 책은 바꾸어 드립니다.
* 책 내용 중 궁금한 사항이 있으시면 그리고책(Tel 02-717-5486, 이메일 tiz@andbooks.co.kr)으로 문의해 주십시오.

"음식을 맛있게 만드는 일은 즐거움이고 맛있는 음식을 먹는 것은 행복입니다."
제가 요리연구가로 활동하면서 늘 되새기고 있는 마음입니다.

식품영양학을 전공한 뒤 1년간 영양사로 일을 하였는데 이 때 요리를 제대로 배워야겠다는 결심을 하게 되었습니다. 각각의 요리가 가진 맛과 향, 식감, 영양 등의 특징을 알면 더욱 건강한 식단을 구성할 수 있겠다고 생각했기 때문입니다. 직접 배워보니, 음식을 만드는 일이 얼마나 가치 있는 일인지 깨닫게 되었습니다. 정성 들여 음식을 만들고, 그 음식을 사랑하는 가족 그리고 고마운 사람들과 함께 나누는 것이 얼마나 기쁘고 설레던지요. 잘 차린 음식을 먹는 것만으로 건강까지 챙길 수 있다는 것도 알게 되었습니다. 그렇게 저는 요리의 매력에 푹 빠지게 되었고, 요리연구가의 길을 걷게 되었습니다.

그 후 40년간 요리를 연구해오고 있습니다. 1980년도부터 지금까지 각종 방송과 수많은 요리 강의에서 제가 터득한 레시피와 요리비결을 전하고 있기도 합니다. 시대가 흘러감에 따라 사람들이 선호하는 식재료가 변하기도 하고, 조리 스타일도 점점 다양해지고, 새로운 요리도 생겨났습니다. 하지만 맛있으면서도 건강한 음식이 사람들의 입맛을 사로잡는다는 사실은 늘 한결같았지요.

눈으로 보았을 때 먹음직스럽게 보이고, 코로 향을 맡았을 때 기분이 좋아지고, 입으로 맛을 느꼈을 때 만족스러운 음식이야말로 최고의 음식이 아닐까 합니다. 저 역시 오감을 모두 자극하면서도 누구나 집에서 손쉽게 만들어 풍성한 식사를 즐길 수 있는 요리를 선보이고자 했습니다.

EBS 최고의 요리비결 방송은 2010년도부터 출연하였는데 다양한 재료를 활용하여 재료가 가진 본연의 맛을 최대한 살린 맛깔나면서도 정갈한 요리를 소개하는 데 중점을 두었습니다. 차곡차곡 쌓인 레시피와 노하우를 이 도서에 알차게 담아내었습니다. 소개된 레시피에 가족들의 입맛을 잘 아는 여러분의 손맛과 정성이 더해져 더욱 맛있는 요리를 즐기셨으면 하는 바람입니다.

박경신

CONTENTS

005 저자서문
010 계량법

CHAPTER 1
최고의 요리 비법

14 재료를 더욱 신선하게! 냉장·냉동보관 핵심 노하우
16 알아두면 편리한 재료 써는 팁
18 영양도 맛도 두 배가 되는 찰떡궁합 재료
20 건강을 위한 3저밥상 차리기
21 환경호르몬 걱정을 줄이는 식탁

CHAPTER 2
최고의 고기 요리

24 소갈비구이
26 소고기사태떡찜
28 만두전골
30 소고기뭇국
32 차돌박이구이
34 소고기장조림
36 불고기샌드위치
38 비빔밥
40 소고기영양죽
42 소고기편채
44 부추물만두와 군만두
46 감자탕
48 김치콩나물밥
50 돼지고기고추장찌개

52	돼지갈비매운조림
54	마파두부
56	김치찌개
58	편육쌈
60	제육채소볶음
62	부대찌개
64	닭다리살구이
66	닭다리굴소스볶음
68	닭가슴살치즈지짐
70	닭봉단호박조림
72	삼계탕
74	닭봉감자탕
76	깐풍기
78	닭고기냉채
80	닭봉구이
82	치킨바비큐

104	갈치조림
106	코다리양념구이
108	한치튀김
110	우럭매운탕
112	새우커틀렛
114	새우볶음
116	해물파전
118	오코노미야키
120	해물버섯잡채
122	해물볶음우동
124	매콤낙지볶음
126	오징어오이무침
128	주꾸미덮밥
130	꽃게탕
132	양념꽃게장
134	해물뚝배기
136	조개칼국수
138	북엇국
140	미역굴밥
142	미역국

CHAPTER 3

최고의 해산물 요리

86	연어구이
88	연어샐러드
90	참치회무침
92	참치회덮밥
94	자반고등어찜
96	고등어카레구이
98	북어튀김
100	생선표고탕수
102	대구탕

144	마른미역볶음	176	우엉잡채
145	꼬시래기무침	178	달래굴파전
146	파래부침	180	건새우아욱국
148	홍합탕	182	근대밥
150	알탕	184	무초절임
152	명란젓찌개	186	양파장아찌
		188	오이장아찌
		190	오이미역냉국
		191	쌈배추겉절이
		192	콩나물국
		194	피망잡채
		196	얼갈이배춧국
		198	채소장떡
		200	슈퍼샐러드
		202	채소샐러드
		204	시즌샐러드
		206	채소구이샐러드
		208	영양밥
		210	보리밥쌈밥과 모둠쌈장

CHAPTER 4
최고의 채소 요리

156	감자빈대떡
157	알감자조림
158	애호박새우젓볶음
160	단호박전
162	호박죽
164	고구마맛탕
166	고구마크로켓
168	통도라지구이
170	도라지오이생채
172	더덕생채
173	꽈리고추무침
174	노각생채
175	우엉연근초절임

CHAPTER 5
최고의 간편제품 요리

214	두부조림
216	두부찜
218	두부전골
220	순두부찌개
222	달걀말이
224	달걀찜
226	팽이버섯무침
228	버섯솥밥
230	버섯들깨탕
232	버섯불고기전골
234	표고버섯양념구이
235	영양지짐
236	버섯국
238	어묵뭇국
240	어묵볶음
242	참치채소볶음
244	참치샌드위치
246	콩나물골뱅이무침
248	오징어포고추장무침
250	곤약쑥갓무침
252	샐러드김밥
254	알밥
256	무청멸치조림
258	깻잎멸치찜
260	잔멸치볶음
262	카레라이스
264	쟁반냉면
266	콩국수
268	짬뽕
270	비빔국수
272	Index

계량법

요리를 하기 위해서 기본적으로 알아야 할 사항 중의 하나가 바로 계량법이에요. 계량은 서로 간의 약속이기 때문인데, 누가 재도 같은 양으로 측량할 수 있어야 레시피의 공유와 정확한 전달이 가능하죠. 언제 어느 때 요리를 하더라도 같은 맛을 내려면 나만의 레시피도 정확한 계량이 필수예요. 계량에서 사용하는 가장 기본 단위인 컵과 큰술, 작은술에 대해 알아볼까요?

계량컵 ★★★★

계량컵은 200㎖를 기준으로 1컵이라 하는데요, 계량컵이 없을 때는 200㎖ 우유팩을 이용해서 우유가 들어 있던 부분에 눈금을 그어 간이용으로 사용해도 좋아요. 또는 일반 사이즈의 종이컵을 가득 채워도 1컵이 되지요.

똑같은 1컵이라고 하더라도 이것을 무게로 잴 때 물은 200g이지만 밀가루는 더 가볍고 기름은 더 무거워요. 그러므로 레시피를 보면서 부피와 무게를 동일시하는 착각은 하지 말아야 해요. 하지만 기본양념 중에서 식초나 간장과 같은 액체는 물과 거의 비슷한 양으로 보아도 좋아요.

계량을 할 때 위에서 아래를 보고 하면 정확도가 떨어지므로 반드시 눈높이를 눈금에 맞춰 계량하세요. 밀가루를 계량할 때는 밀가루를 체에 쳐 공기의 포집을 일정하게 한 뒤에 눌리거나 뭉치지 않도록 숟가락으로 담아 위를 수평으로 깎은 뒤 계량을 하고, 버터나 흑설탕처럼 덩어리가 지기 쉬워 컵에 담을 때 중간에 공간이 생기는 것들은 꼭꼭 눌러서 계량하세요.

그 외 알아두기 ★★★★

약간 소금이나 후춧가루 등을 약간 넣었다면 엄지와 검지로 살짝 집은 정도를 말해요.

필수 재료 필수 재료는 음식을 만들기 위해 꼭 필요한 재료를 말해요.

선택 재료 선택 재료는 있으면 좋지만 기본적인 맛을 내는 데는 크게 영향을 끼치지 않는 재료를 말해요. 비슷한 재료로 바꾸거나 생략이 가능해요.

양념 설탕, 식초, 간장, 다진마늘, 고추장 등 요리의 맛을 내기 위해 쓰이는 재료를 말해요.

'+' 표시의 의미

양념장, 소스, 드레싱 등 음식을 만들기 전에 미리 섞어 놓으면 좋은 양념이에요. 미리 섞어두면 숙성되면서 맛이 어우러져 더 깊은 맛을 내거든요.

● 컵으로 계량하기

액체 분량 재기
계량컵 1컵 | 종이컵 1컵 | 계량컵 ½컵 | 종이컵 ½컵

가루 분량 재기
계량컵 1컵 | 종이컵 1컵 | 계량컵 ½컵 | 종이컵 ½컵

계량스푼 ★★★★

시판되는 계량스푼은 보통 1큰술, 1작은술, ½작은술, ¼작은술로 구성되어 있고, 양쪽으로 큰술과 작은술이 달려 있는 간단한 형태의 계량스푼도 있어요.

큰술은 영어로는 테이블스푼(Table spoon)으로 실제로 밥을 먹을 때 식탁(Table)에서 사용하는 숟가락을 기준으로 만들었다고 해요. 물을 넣어 계량했을 때 15cc를 한 큰술이라 말하고, 작은술은 영어로 티스푼(Tea spoon)이라 말하는데 말 그대로 차를 마실 때 사용하는 숟가락을 기준으로 만들었어요. 한 큰술의 ⅓에 해당하는 5cc예요. 계량컵이나 계량스푼을 사용할 때 가장 중요한 것은 마치 물이 담겨져 있을 때와 마찬가지로 윗면을 언제나 평면 상태로 깎아 사용하는 것임을 잊지 마세요.

● 스푼으로 계량하기

가루 분량 재기

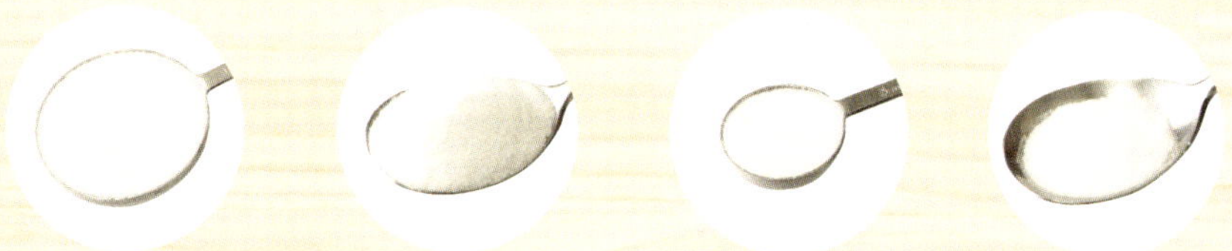

| 계량스푼 1큰술 | 밥숟가락 1큰술 | 계량스푼 1작은술 | 밥숟가락 1작은술 |

액체 분량 재기

| 계량스푼 1큰술 | 밥숟가락 1큰술 | 계량스푼 1작은술 | 밥숟가락 1작은술 |

장류 분량 재기

| 계량스푼 1큰술 | 밥숟가락 1큰술 | 계량스푼 1작은술 | 밥숟가락 1작은술 |

다진 재료 분량 재기

| 계량스푼 1큰술 | 밥숟가락 1큰술 | 계량스푼 1작은술 | 밥숟가락 1작은술 |

CHAPTER | 최고의 요리 비법

재료가 가진 본연의 맛과 특징을 최대한 살려
감칠맛을 풍부하게 만드는 비법부터 더욱 건강한 요리 비법까지!
알아두면 좋은 정보를 쏙쏙 골라 소개할게요.

재료를 더욱 신선하게! 냉장·냉동보관 핵심 노하우

재료가 신선하지 않으면 맛있는 요리를 만들기 어렵죠. 매번 재료를 새로 구입하여 사용할 수도 없고요.
식재료를 구입하자마자 잘 손질하여 보관하면 신선함을 유지할 수 있답니다.
'비닐팩에 담아 꽁꽁 묶어 냉장고에 넣어두면, 상하지 않겠지'라는 생각을 하고 있다면,
반드시 참고해야 하는 노하우!

육류 냉동보관 시 밀폐는 필수

쇠고기, 닭고기, 돼지고기 등은 표면에 식용유를 골고루 발라 랩이나 비닐팩에 담은 뒤 밀폐용기에 보관하면 색이 변질되지 않고, 수분이 빠져나가는 것을 막을 수 있어요. 대신 식용유를 너무 많이 바르면 안돼요. 육류의 냉동과 해동을 반복하는 것은 좋지 않으므로 한 번에 먹을 양만큼만 소분하여 보관하는 것이 좋아요.

채소류 수분을 지켜라

채소는 쉽게 시들 수 있기 때문에 보관에 더욱 신경 써야 하는 식재료예요. 수분이 날아가지 않도록 하는 것이 포인트랍니다.

- **콩나물** 다듬은 콩나물을 비닐팩에 넣고 구멍을 작게 뚫어 냉장고에 넣어주세요.
- **단호박** 사용하고 남은 단호박은 반드시 씨를 제거한 뒤 종이타월로 감싸 비닐팩에 넣어야 해요.
- **마늘** 껍질을 깐 뒤 냉장 보관하는 것이 좋아요. 다진 마늘은 요리에 자주 사용하는 재료죠. 우리가 일반적으로 사용하는 얼음용기에 다진 마늘을 담아 얼린 뒤 그대로 꺼내써도 편리해요.
- **양파** 모든 채소를 냉장보관해야 하는 건 아니예요. 양파는 실온에 보관하는 것이 좋은데, 여름철에는 냉장고에 넣어도 좋아요. 양파가 서로 붙지 않도록 신문지로 감싸 보관하세요.

뿌리채소류 오래 보관하고 싶다면 통째로, 바로 사용한다면 껍질을 제거하자

우엉, 연근, 인삼, 도라지, 마 등은 흙을 제거하지 않은 채로 종이타월에 돌돌 만 뒤 물을 살짝 뿌려 밀폐용기에 넣어 냉장보관하면 금방 마르지 않아요. 우엉이나 연근의 껍질을 제거하고 식촛물에 담가 보관하면 맛과 영양을 보존할 수 있답니다.

파 빨리 상하는 초록색 부분부터 사용하자

사용하고 남은 쪽파와 대파는 깊이감이 있는 용기나 반으로 자른 플라스틱 생수병에 젖은 종이타월을 깔고 그 위에 뿌리가 닿도록 세워두면 쉽게 상하지 않아요. 대파와 쪽파는 미리 썰어 냉동보관해도 된답니다.

나물류 살짝 데쳐두기

우선 끓는 물에 소금을 약간 넣은 뒤 나물을 데쳐주세요. 데친 나물을 그대로 넣는 대신 비닐팩에 나물이 잠길 만큼의 물을 넣고 밀폐용기에 다시 담아 냉동보관해요. 이렇게 해두면 해동했을 때 질겨지지 않아 맛있는 나물요리를 언제든 즐길 수 있어요.

곡물류 오래 보관하는 만큼 제대로 보관하자

곡물은 입구가 좁은 용기에 담고 냉장보관해야 벌레가 생기지 않고 냄새도 나지 않아요.

생선류 | 깨끗하게 손질하자

구입하자마자 내장을 제거하고, 생선 안 쪽을 깨끗이 씻어야 쉽게 상하지 않아요. 깨끗하게 씻은 생선은 물기를 제거하여 비닐팩에 넣은 뒤 다시 밀폐용기에 담아 냉동보관해요. 비늘, 내장, 지느러미를 완벽하게 제거해야 한답니다. 또는 소금물에 2시간 정도 담가 두었다가 식촛물에 헹궈 냉동보관해도 되는데, 이렇게 하면 조리 시 생선살이 부서지는 것도 방지할 수 있어요.

해조류 | 실온에서 보관하자

미역, 다시마, 김 등은 밀폐용기에 담아 건조하고 햇볕이 없는 곳에서 보관해야 색깔이 변하는 것을 막고, 눅눅해 지지 않는답니다.

알아두면 편리한 재료 써는 팁

칼질을 하는 모습만 봐도 요리실력을 가늠할 수 있다고 하죠. 재료 혹은 요리에 따라 써는 방식이 다른 이유는 음식을 내었을 때 보기 좋게 하기 위함이기도 하지만, 크기에 따라 식감이 달라지기도 하고, 결을 살려 썰어야 재료 본연의 맛을 제대로 살릴 수 있기 때문이랍니다.

단단한 채소를 썰 때

호박, 오이 등을 얇게 저며 썰 때, 반듯하게 칼질을 하면 채소가 칼등을 타고 넘어오거나 도마 밑으로 떨어지기 쉬워요. 칼을 쓰는 방향을 향해 비스듬히 기울이면서 썰어보세요. 사소한 것처럼 보이지만 이렇게 칼질 하는 것이 훨씬 수월하고, 재료 손질 시간도 절약된답니다.

◎ 묵을 썰 때

묵류는 칼질이 까다롭죠. 칼에 물을 묻히고 썰어보세요. 묵이 달라붙지 않고 쉽게 썰어져요.

◎ 일정한 두께로 썰어야 할 때

김밥이나 두부처럼 같은 두께로 썰어야 보기 좋은 것들이 있죠. 가장 먼저 중심부분을 썰어 반으로 나눈 뒤 각각의 중심을 다시 써는 과정을 반복하는 것이 좋아요. 이렇게 하면 한쪽 끝이 남거나 모자라지 않아요.

◎ 씨를 제거한 채소를 썰 때

풋고추, 피망, 파프리카 등 씨를 빼낸 채소는 씨를 털어낸 쪽에 칼이 먼저 들어가는 것이 좋아요. 그래야 깔끔한 모양을 낼 수 있어요.

◎ 뿌리채소를 썰 때

연근, 우엉, 마, 감자, 당근, 고구마 등은 껍질을 얇게 벗기고 손질해야 해요. 칼날이 얇은 것을 사용해야 얇게 썰 수 있어요. 이러한 뿌리채소들은 단단하므로 칼질을 할 때 특히 조심해야 해요.

◎ 생선을 썰 때

소금물에 씻은 후 물기를 완전히 제거한 뒤 생선의 섬유질 결대로 썰어야 생선살이 부서지지 않아요.

◎ 육류를 썰 때

육류 역시 섬유의 결대로 썰어 사용하는 것이 좋아요. 반면, 저며 썬 뒤 부드러운 식감을 살려 조리할 경우에는 섬유결의 반대로 썰어주세요.

영양도 맛도 두 배가 되는 찰떡궁합 재료

음식은 골고루 먹는 것이 좋지만, 특히나 함께 먹으면 좋은 재료들이 있어요.
궁합이 잘 맞는 식재료들은 부족한 영양을 서로 채워주기도 하고, 재료의 맛을 더해주기도 한답니다.
알고 먹으면 더욱 건강한 재료의 비밀을 공개할게요.

✓ 불고기와 깻잎
칼슘과 철분, 비타민 A 비타민 C가 가득 들어있는 깻잎과 단백질로 구성되어 있는 불고기는 서로의 부족한 영양을 채워줄 뿐만 아니라 풍미를 더해줘요.

✓ 육류와 파인애플
파인애플에는 고기에 함유된 단백질의 연화작용을 돕는 단백질 분해효소가 있어 함께 먹으면 소화가 잘 돼요. 조리 시 사용하면 고기 특유의 냄새도 잡아준답니다.

✓ 돼지고기와 새우젓
삶은 돼지고기와 새우젓은 익숙한 조합이죠. 기름진 돼지고기에 짭짤한 새우젓을 곁들이면 맛이 좋아지는 것은 물론 소화를 도와줘요.

✓ 닭고기와 인삼
닭고기는 쇠고기보다 근육섬유가 가늘고 지방이 근육 속에 섞여있지 않아 소화 흡수가 잘 돼요. 여기에 인삼까지 더하면 인삼의 사포닌성분이 면역력을 증가시켜 더욱 건강하게 즐길 수 있답니다.

✓ 간과 우유
간은 탄력성과 유연성이 쉽게 변해 오래 보관하면 식감에 영향을 주고 독특한 냄새가 심해져요. 간을 우유에 담갔다가 꺼내 조리하면 탄력성이 더해져 식감이 좋아지고, 냄새도 제거할 수 있어요.

✓ 조개탕과 쑥갓, 깻잎, 미나리
조개는 단백질이 풍부하고 지방이 적어 담백하면서도 달죠. 약간의 비린 맛을 제거하고 싶다면 향이 강한 쑥갓이나 깻잎, 미나리를 함께 넣어 조리하세요.

✓ 두부와 미역
두부는 식물성단백질과 사포닌이 많이 함유되어 있으나 많이 먹으면 체내의 요오드가 빠져 나가요. 미역과 함께 먹으면 요오드가 보충된답니다.

✓ 딸기와 우유
딸기는 알칼리성식품이에요. 비타민 C와 유기산이 많이 포함되어 있는데, 우유와 섞어 먹으면 딸기의 자극적인 신맛을 중화해주고 영양의 균형도 맞출 수 있어요.

✓ 당근과 식용유
당근에는 지용성비타민 A, 비타민 D, 비타민 E, 비타민 F, 비타민 K 등이 다량 함유되어 있어요. 식용유에 볶으면 비타민의 용해성 때문에 영양소의 손실을 방지하고 소화 흡수에 도움을 줘요.

✓ 냉면과 식초, 겨자
냉면의 녹말 성분이 유산을 만들어 쉽게 피로를 느끼게 해요. 유산을 빨리 분해하기 위해서 유기산이 필요한데, 식초와 겨자에 유기산이 포함되어 있답니다. 또한 냉면을 먹을 때 식초와 겨자가 들어가면 상큼한 맛과 톡쏘는 맛이 더해져 더욱 맛있어요.

Tip 함께 먹으면 좋지 않은 음식

미역과 파
미역과 파 모두 미끈미끈한 성분을 가지고 있기 때문에 함께 조리하였을 경우, 너무 미끄러운 식감을 갖게 되어 맛이 떨어지고 끈끈한 성분인 알기산의 흡착력이 떨어져요.

토마토와 설탕
설탕을 분해하기 위해 토마토의 비타민 B가 소모되어 몸에 영양이 흡수되는 것을 방해하여, 토마토가 가진 좋은 효능을 잃게 돼요.

건강을 위한 3저밥상 차리기

밥상에서 줄여야 할 나트륨, 지방, 칼로리!
조리법을 바꾸거나, 재료만 잘 선택해도 저나트륨, 저지방, 저칼로리 요리를 만들 수 있답니다.
3저 밥상을 차리는 것은 생각보다 어렵지 않아요. 간단한 몇 가지 원칙만 지켜도 가족들에게 건강한 식탁을 차려줄 수 있어요.

나트륨을 낮추자

- 간을 맞추는 것은 조리과정 중 가장 마지막에 하세요.
- 간은 2회 이상 보지 않는 게 좋아요. 반복해서 간을 보다 보면 미각이 둔해지기 때문이에요.
- 간을 살짝 하여야 식품 고유의 맛을 느낄 수 있으므로, 간을 세게 하지 않는 게 좋아요.
- 소스나 양념을 최대한 줄이는 식습관을 기르는 것도 효과적이에요.
- 국, 찌개, 탕, 전골 등의 국물요리는 국물 대신 건더기 위주로 먹으면 좋아요.
- 인스턴트식품은 되도록 피해요.

지방을 낮추자

- 찌거나 삶는 조리법을 사용한 음식 위주로 섭취하세요.
- 날 것으로 먹을 수 있는 식품은 지방함량이 적은 편이에요.
- 채소류(호박, 감자, 콩, 당근, 연근, 우엉, 마, 더덕, 도라지, 토마토, 셀러리, 미나리), 과일류(사과, 복숭아, 귤, 배), 해조류(김, 다시마, 미역, 톳) 등 섬유질이 많이 함유된 식품을 자주 먹으면 좋아요.
- 섬유질이 많은 식품은 오래 씹어야 하므로 타액과 위액의 분비가 왕성해져 빨리 포만감을 느끼게 돼요. 또 섬유질은 물을 흡수하여 음식물이 위에서 오랜 시간 머물도록 하므로 배고픔을 억제하여 식사의 양을 줄이게 해줘요. 또한 장에서 영양소가 흡수되는 것을 막아 비만해소에 도움이 된답니다.
- 도라지생채, 해파리냉채, 해물겨자채, 냉국, 냉면 등과 같이 식초가 들어간 음식은 신진대사를 활발하게 해주고 지방의 합성을 막아줘요.

칼로리를 낮추자

- 튀기거나 볶으면 칼로리는 높아져요.
- 탄수화물이 많이 함유된 식품인 밥, 떡, 만두, 김밥, 고구마, 감자, 빵, 밀가루 음식은 많이 드시지 않는 게 좋아요.
- 지방으로 만든 연성치즈 대신 단백질로 이루어진 자연치즈를 드세요.
- 설탕, 과당, 물엿, 올리고당은 칼로리를 높이는 양념이므로 되도록 적게 사용하세요. 대신 과일즙(사과즙, 배즙, 파인애플즙 등)으로 단맛을 내요.

환경호르몬 걱정을 줄이는 식탁

환경호르몬은 체외에서 만들어지는 화학물질이에요. 환경호르몬이 체내에 들어가면 정상적인 호르몬작용을 방해해요. 음식을 통해 섭취되는 환경호르몬은 생활환경에서 흡수되는 환경호르몬보다 인체에 직접적인 영향을 끼치므로 더욱 주의해야 해요.

녹차를 가까이
체내에 들어온 환경호르몬을 흡착하여 몸 밖으로 내보내는 작용을 촉진시키는 대표적인 식품은 바로 녹차예요. 녹차 티백 등을 꾸준히 마시는 것도 좋고, 녹차칼국수, 녹차수제비 등 녹차를 이용한 요리를 만들어 먹는 것도 좋아요. 녹차에 함유된 폴리페놀화합물이 독성을 억제하고 환경호르몬을 체외로 방출시킨답니다.

이렇게 조리해요
어묵이나 햄, 베이컨, 유부 등의 제품은 뜨거운 물에 한 번 데쳐 먹으면 환경호르몬이 씻겨나가요. 이러한 제품들은 상하지 않도록 첨가물이 들어가 있는 경우가 많기 때문에 뜨거운 물에 한 번 데쳐 첨가물을 빼주세요. 칼집을 내어 데치면 더욱 좋고요.

이런 요리도 좋아요
해조류, 엽록소가 많이 포함된 채소류, 섬유질을 많이 함유한 뿌리채소류 등은 환경호르몬을 몸 밖으로 빼내는데 좋아요. 미역초무침, 미역튀김, 김부각, 김조림, 톳무침, 파래전, 파래무침, 우엉초무침, 연근전, 마조림 등을 챙겨드세요.

친환경도구 사용을 추천해요
냄비와 그릇 등은 친환경제품을 사용하는 게 좋아요. 플라스틱이나, 폴리염화비닐(P.V.C) 등의 소재를 사용한 용기나 코팅된 냄비, 프라이팬, 조리기구(국자, 젓가락, 집게 등)는 가급적 사용하지 않는 것이 좋아요. 대신 원목 나무나 도자기, 스테인리스로 만든 제품을 구매하여 사용하세요. 이러한 친환경도구들은 고열에서도 환경호르몬을 배출하지 않아 안심하고 사용할 수 있어요.

P32
P28

2

CHAPTER | 최고의 고기 요리

↑ P80
→ P30

고기는 담백하게 삶아 먹어도 좋고,
감칠맛 나는 양념장에 재워 구워도 맛있고,
튀겨 내어도 색다른 매력이 있어요.
같은 종류의 고기일지라도 어떻게 조리하느냐에 따라 전혀 다른 맛이 난답니다.
다양한 조리법으로 만든 든든한 고기 요리를 소개할게요.

갈비를 배즙에 먼저 재운 뒤 양념을 고루 묻히면 간이 잘 배어 더욱 맛있어요.
배즙 대신 키위즙이나 파인애플즙을 사용할 경우, 반 정도의 양만 사용하면 적당해요.
달콤하면서도 담백한 맛을 살리기 위해서는 두 번만 뒤집어 구워주세요.

소갈비구이

READY | 4인분

필수 재료
소갈비(600g), 배즙(2큰술)

양념장
설탕(1큰술)+간장(2큰술)+
양파즙(1큰술)+다진 마늘(1큰술)+
참기름(1큰술)+후춧가루(약간)+
참깨(1작은술)

RECIPE

TIP 물에 오래 담가두면 육즙이 빠져요.

1 소갈비는 찬물에 헹군 뒤 체에 밭쳐 핏물을 빼고,

2 핏물을 뺀 소갈비는 배즙(2큰술)을 묻혀 10분 정도 재우고,

TIP 소갈비는 양념에 버무린 뒤 랩으로 밀봉해야 갈변되지 않아요.

3 양념장을 소갈비에 골고루 버무린 뒤 그릇에 가지런히 펴서 15~20분 정도 재우고,

4 달군 팬에 소갈비를 올려 중간 불로 굽다가 핏물이 맺히면 뒤집어 굽고,

5 다 구워진 소갈비를 먹기 좋게 잘라 그릇에 담아 마무리.

TIP 어린잎채소를 곁들이면 좋아요.

소고기 사태떡찜

푹 익힌 고기의 부드러움, 떡의 쫄깃함, 채소의 아삭함!
이 모든 식감을 즐길 수 있는 소고기사태떡찜이에요.
식감은 먹는 즐거움을 더해주기 때문에 조리할 때 너무 물러지지 않도록 신경써주세요.

RECIPE

1 물(4컵)에 소고기, **육수 재료**를 넣고 중간 불로 끓인 뒤 거즈에 거르고,

💬 물이 끓기 시작하면 약한 불에서 50분간 삶아요.

💬 젓가락으로 찔렀을 때 핏물이 빠져나오지 않으면 돼요.

READY | 4인분

필수 재료
소고기(사태, 500g), 가래떡(1줄), 당근($\frac{1}{2}$개), 무($\frac{1}{4}$개), 피망($\frac{1}{2}$개), 표고버섯(3장)

육수 재료
대파(1대), 통마늘(5쪽), 통후추(10알)

양념장
설탕(1큰술)+간장(3큰술)+ 다진 마늘(1큰술)+참기름(1작은술)+ 참깨(1작은술)+후춧가루(약간)

2 소고기는 건져 1.5~2㎝ 두께로 썰고,

3 가래떡은 3㎝ 길이로 썰어 찬물에 씻고,

4 당근과 무는 껍질을 벗기고 밤톨 크기로 썰어 모서리를 다듬고,

5 피망은 씨를 털어 당근과 비슷한 크기로 썰고, 표고버섯은 불려 기둥을 떼어 4등분하고,

6 소고기에 **양념장**을 버무리고,

7 냄비에 양념한 소고기를 넣고 표면에 색깔이 날 때까지 중간 불로 익힌 뒤 무, 당근, 표고버섯, 소고기육수(1$\frac{1}{2}$컵)를 넣고 끓이고,

8 육수가 반 정도 줄면 가래떡을 넣고 익힌 뒤 피망을 넣어 마무리.

요즘은 시중에서 쉽게 만두를 구입할 수 있지만, 집에서 정성들여 빚은 만두의 맛과 비교할 수 없겠죠.
만두소는 취향에 따라 재료를 다양하게 바꿔 넣고 만들어도 좋아요.
푸짐하게 소를 넣은 만두로 전골을 끓이면, 자극적인 양념 없이도 감칠맛이 느껴져요.

만두전골

READY | 5인분

필수 재료
소고기(150g), 두부(½모), 부추(70g), 숙주나물(100g), 배추김치(½컵), 무(⅓개), 시판 만두피(30장), 팽이버섯(100g), 대파(1대), 쑥갓(10g)

육수 재료
소고기(양지머리, 200g), 대파(½대), 마늘(3쪽)

만두소 양념
소금(1큰술), 깨소금(1큰술), 다진 파(1큰술), 다진 마늘(0.5큰술), 후춧가루(0.2큰술)

양념
국간장(1큰술)

간장 양념
설탕(0.5큰술), 간장(1큰술), 후춧가루(약간)

RECIPE

1 끓는 물(6컵)에 **육수 재료**를 넣어 중간 불로 끓인 뒤 끓기 시작하면 뚜껑을 닫아 약한 불로 1시간 정도 끓이고,

TIP 부추 대신 대파, 양파를 다져 사용해도 좋아요.

TIP 물을 조금만 넣고 데쳐야 숙주나물의 수분이 빠지지 않아 아삭해요. 뚜껑을 닫고 데쳐주세요.

2 소고기를 다지고, 두부는 칼로 곱게 으깨고, 부추는 송송 썰고,

3 데친 숙주나물과 배추김치는 곱게 다져 물기를 짜고,

4 볼에 손질한 소고기, 두부, 부추, 숙주나물, 배추김치를 넣은 뒤 **만두소 양념**에 버무리고,

5 만두피에 준비한 만두소를 넣어 만두를 빚고,

6 소고기육수(5컵)에 얇게 썬 무를 넣고 중간 불로 끓이다 만두를 넣고,

7 국간장(1큰술)으로 간을 해 만두가 물 위로 떠오르고, 속재료가 만두피에 비치면 팽이버섯, 어슷 썬 대파, 쑥갓을 돌려 담고 **간장 양념**을 곁들여 마무리.

소고기뭇국

무는 가을부터 이듬해 봄까지 단단하고 단맛이 있으므로
이 때 무를 얇게 나박 썰어 소고기와 함께 뭇국으로 끓여 보세요.
다시마육수를 사용하여 끓이면 더욱 맑고 깔끔한 국물을 즐길 수 있어요.

READY | 2인분

필수 재료
소고기(150g), 무(⅓개), 실파(2대)

육수 재료
다시마(10×10cm=1장)

소고기 밑간
다진 마늘(1큰술), 참기름(1큰술), 후춧가루(약간)

양념
참기름(1큰술), 소금(1큰술), 국간장(1큰술), 후춧가루(약간)

RECIPE

1 끓는 물(6컵)에 다시마를 넣고 불을 끈 뒤 그대로 식혀 육수를 만들고,

2 소고기는 저며 썰어 **밑간**하고,

TIP 녹색을 띠는 무가 단맛이 많이 나요.

3 무는 나박 썰고,

TIP 무는 간을 하지 않고 볶아야 빨리 익어요.

4 달군 냄비에 참기름(1큰술)을 두른 뒤 밑간한 소고기를 중간 불로 볶다가 무를 넣어 함께 볶고,

TIP 밑국물을 조금씩 부어가며 볶으면 국물이 맑아져요.

5 다시마육수(2큰술)를 3~4번 정도 부어가며 볶다가 재료가 어느 정도 익으면 나머지 다시마육수를 부어 뚜껑을 열고 끓이고,

6 먹기 좋게 썬 실파를 넣고 소금(1큰술), 국간장(1큰술), 후춧가루로 간을 해 마무리.

차돌박이구이

쫄깃하면서도 고소한 맛이 일품인 차돌박이!
자칫 느끼할 수도 있지만 채소무침을 곁들이면 깔끔하게 즐길 수 있어요.
쌈으로 싸먹는 대신 이렇게 채소들을 감칠맛 나게 버무리면
영양도 배가 되고, 소화도 도와준답니다.

READY | 2인분

필수 재료
차돌박이(300g), 배추(150g), 양파($\frac{1}{2}$개), 깻잎(5장)

고기 양념장
설탕(0.5큰술)+배즙(1큰술)+간장(1.5큰술)+
다진 마늘(1큰술)+참기름(1작은술)+후춧가루(약간)

채소 양념장
설탕(0.5큰술)+고운 고춧가루(1큰술)+
까나리액젓(1큰술)+참깨(1작은술)

RECIPE

1 **고기 양념장**을 섞고,

2 차돌박이에 고기 양념장을 고루 바르고,

3 배추, 양파, 깻잎은 가늘게 채 썰고,

4 손질한 채소에 **채소 양념장**을 넣고 버무려 채소무침을 만들고,

5 달군 팬에 양념한 차돌박이를 중간 불로 굽고,

6 그릇에 담아 채소무침을 곁들여 마무리.

소고기 장조림

달콤하면서도 짭조름한 맛이 밥반찬으로 안성맞춤이라 아이들이 참 좋아해요.
장조림을 만들 때 소고기와 간장을 함께 넣고 조리면, 수분이 다 빠져나가 질겨지므로
소고기는 미리 삶아서 사용해주세요. 남은 장조림 국물은 깻잎조림 양념으로 이용해도 좋아요.

READY | 4인분

필수 재료
소고기(홍두깨살, 400g), 마늘(10쪽), 메추리알(10개), 꽈리고추(10개)

육수 재료
마늘(3쪽), 대파($\frac{1}{2}$대), 통후추(5알)

조림장
설탕(1큰술), 간장(4큰술), 청주(1큰술)

RECIPE

1 소고기는 물에 씻고 체에 받쳐 핏물을 뺀 뒤 적당한 크기로 썰고.

2 끓는 물(4컵)에 소고기와 **육수 재료**를 넣어 한소끔 끓인 뒤 뚜껑을 닫고 30~40분 정도 약한 불로 끓이고.

3 소고기가 익으면 건져 먹기 좋은 크기로 찢고.

4 육수는 체에 걸러 **조림장**과 섞은 뒤 소고기, 통마늘, 삶은 메추리알을 넣어 중간 불로 조리고.

5 꽈리고추를 넣고 섞어 마무리.

TIP 육수의 양이 $\frac{1}{3}$로 줄어들 때까지 센 불로 졸이다가 간이 잘 배도록 약한 불로 줄여요.

the best recipe 6

불고기는 넉넉하게 재워 통에 넣고 냉장고에 보관해두었다가 꺼내 먹기도 하죠.
불고기를 샌드위치에 넣으면 색다르게 즐길 수 있어요.
팬을 아주 뜨겁게 달궈서 고기를 볶으면 국물이 생기지 않고
바싹 구워져 샌드위치용으로 먹기 좋아요.

불고기 샌드위치

READY | 2인분

필수 재료
바게트(1개), 소고기(채끝, 200g), 토마토(1개), 상추(6장), 슬라이스치즈(2장), 밀가루(약간)

양념장
설탕(1큰술), 배즙(1큰술), 간장(1큰술), 다진 마늘(1큰술), 참기름(0.5큰술), 후춧가루(약간), 참깨(0.5큰술)

소스
마요네즈(3큰술), 머스터드(1큰술)

RECIPE

1 바게트는 적당한 크기로 잘라 180℃로 예열한 오븐에 6분 정도 굽고,

2 소고기는 큼직하게 썰어 **양념장**에 버무려 30분 정도 재우고,

3 토마토는 불에 살짝 구워 껍질을 벗긴 뒤 적당한 크기로 썰고,

4 상추는 채 썰고, 슬라이스치즈는 밀가루를 묻혀 적당한 크기로 채 썰고,

5 달군 팬에 소고기를 나눠 넣으며 센 불로 굽고,

6 바게트에 칼집을 넣은 뒤 마요네즈(3큰술)와 머스터드(1큰술)를 섞어 만든 소스를 안쪽에 바르고, 상추→불고기→치즈→토마토 순서로 넣고 적당한 크기로 썰어 마무리.

> **TIP** 바게트에 마요네즈와 머스터드를 섞어 바르면 수분 흡수를 막아주고 접착제 역할도 해요.

the best recipe 6

밥 한 공기에 각종 나물과 채소를 넣고 슥삭슥삭 비비면
다른 반찬이 없어도 푸짐하고 든든하게 한 끼를 먹을 수 있어요.
가장 건강한 식재료인 제철 나물을 사용하면 계절마다 다른 맛과 향을 가진 비빔밥이 된답니다.

비빔밥

READY | 2인분

필수 재료
애호박(½개), 불린 고사리(100g), 채 썬 소고기(100g), 밥(2공기), 콩나물(100g), 달걀(2개)

양념장
소금(약간)+간장(1큰술)+다진 마늘(1큰술)+참기름(1큰술)+깨소금(1큰술)+후춧가루(약간)

약고추장
다진 소고기(50g), 설탕(1큰술), 다진 마늘(1큰술), 고추장(4큰술), 물(2큰술), 참기름(1큰술), 참깨(1작은술)

양념
참기름(2큰술)

RECIPE

1 애호박은 가운데 씨 부분이 제거되도록 길게 토막낸 뒤 얄팍하게 썰고, 소금을 뿌려 5분 정도 절여 물기를 짜고,

TIP 씨 부분이 삼각형 모양이 되도록 길게 토막 내요.

2 불린 고사리는 먹기 좋은 길이로 썰고,

TIP 고사리를 물에 30분 정도 불린 뒤 부드러워질 때까지 삶아주세요.

3 **양념장**을 섞어 소고기, 고사리에 절반씩 넣어 버무리고,

4 달군 팬에 식용유와 참기름을 섞어 두른 뒤 애호박, 고사리, 소고기를 각각 볶고,

TIP 콩나물은 소금을 넣은 끓는 물에 넣고 살짝 숨이 죽을 정도로만 데쳐 건져 체에 밭쳐 식혀요.

TIP 달걀을 풀어 식용유(약간)를 고루 두른 팬에 붓고 약한 불에서 얇게 부쳐내요. 한 김 식힌 뒤 얇게 채 썰어주세요.

5 다진 소고기는 설탕(1큰술), 다진 마늘(1큰술)을 버무려 식용유(1큰술)를 두른 팬에 볶다가 어느 정도 익으면 고추장(4큰술)을 넣어 볶은 뒤 물(2큰술), 참기름(1큰술), 참깨(1작은술)를 섞어 **약고추장**을 만들고,

6 따뜻한 밥에 참기름(2큰술)을 고루 버무려 그릇에 담은 뒤 볶은 애호박, 소고기, 고사리, 데친 콩나물, 달걀지단을 보기 좋게 올려 담고 약고추장을 얹어 마무리.

TIP 밥에 참기름을 미리 버무려두면 더욱 고소하고 비빔밥을 비비기도 쉬워요.

입맛이 없거나 몸이 좋지 않을 땐 '죽'만 한 게 없죠.
소고기와 채소를 넣고 죽을 끓이면 속도 달래주고, 영양도 보충할 수 있어 일석이조예요.
죽을 만들 때는 쌀 1컵에 물 6~8컵을 부어 묽기를 조절하세요.

소고기 영양죽

READY | 2인분

필수 재료
당근(½개), 애호박(½개), 소고기(100g), 양송이버섯(2개), 새우(100g), 불린 쌀(1컵), 김(1장)

육수 재료
소고기(양지머리, 200g), 대파(½대)

양념
참기름(1큰술), 소금(1작은술), 참깨(1큰술)

RECIPE

TIP 육수를 낼 때 물의 양은 고기 부피의 10배 이상이 적당해요.

TIP 육수를 넣기 전에 재료를 참기름에 볶아야 고소한 맛이 잘 배어요.

1 끓는 물(10컵)에 **육수 재료**를 넣고 중간 불로 끓이다가 뚜껑을 덮어 1시간 정도 더 끓여 소고기육수를 만들고,

2 당근, 애호박, 소고기를 채 썰고, 양송이버섯은 갓 껍질을 벗긴 뒤 편 썰고, 새우를 손질하고,

3 냄비에 참기름(1큰술)을 두른 뒤 소고기, 애호박, 당근, 양송이버섯, 새우를 넣어 중간 불로 볶고,

4 불린 쌀을 넣고 볶다가 소고기육수(6컵)를 넣고 센 불에서 끓어오르면 중약 불로 줄여 15~20분 정도 더 끓이고,

5 걸쭉해진 죽에 소금(1작은술)을 넣어 간을 하고,

6 그릇에 담은 뒤 잘게 찢은 김과 참깨(1큰술)를 뿌려 마무리.

the best recipe 6

소고기 편채

기름기가 적어 담백한 홍두깨살에 찹쌀가루를 살짝 묻혀 익히면 식었을 때도 부드러운 식감을 즐길 수 있어요.
손님 초대상 메뉴로 좋은 편채는 가늘게 채 썬 재료들과 함께 그릇에 예쁘게 펼쳐 담아내도 좋고,
돌돌 말아 먹기 좋게 내어도 좋아요.

READY | 2인분

필수 재료
소고기(홍두깨살, 200g), 양상추(150g), 대파(1대), 깻잎(10장), 무순(10g), 어린잎채소(15g), 잣가루(1작은술)

소고기 밑간
소금(약간), 후춧가루(약간), 참기름(1작은술), 찹쌀가루($\frac{1}{2}$컵)

겨자소스
설탕(0.5큰술)+소금(약간)+식초(1작은술)+간장(1작은술)+배즙(2큰술)+연겨자(1큰술)

RECIPE

1 얇게 썬 소고기는 칼집을 내고 소금, 후춧가루를 골고루 뿌린 뒤 참기름(1작은술)을 바르고,

TIP 소고기에 참기름을 마사지하듯 두드려 바르면 육즙이 빠져나오지 않아요.

2 소고기의 앞뒤에 찹쌀가루($\frac{1}{2}$컵)를 골고루 얇게 묻히고,

TIP 잘 두드려야 찹쌀가루가 소고기의 수분을 흡수해요.

3 양상추는 큼직하게 뜯어 가늘게 채 썰고, 대파는 심을 제거하여 돌돌 말아 채 썰고, 깻잎은 가늘게 채 썰고,

4 무순, 어린잎채소는 얼음물에 살짝 담갔다 꺼내 물기를 제거하고,

5 달군 팬에 식용유(3큰술)를 두르고 소고기를 중간 불로 굽고,

TIP 기름이 넉넉해야 고기가 잘 익어요.

6 그릇에 소고기를 보기 좋게 담고 잣가루를 뿌린 뒤 채소와 **겨자소스**를 곁들여 마무리.

TIP 잣은 칼날로 다져야 기름이 나오지 않고 고운 가루가 돼요.

부추물만두와 군만두

같은 재료로 만드는 두 가지 버전의 만두!
똑같은 만두소지만 모양을 약간 다르게 빚어 하나는 노릇하게 구워 군만두로 만들고,
다른 하나는 물에 넣고 바글바글 끓여 물만두로 내면 전혀 다른 맛을 즐길 수 있어요.

READY | 5인분

필수 재료
다진 돼지고기(등심, 200g), 만두피(30장), 부추(100g)

양념
물(2큰술), 후춧가루(0.2작은술), 청주(1큰술), 간장(1큰술), 다진 마늘(1작은술), 다진 생강(0.5작은술), 참기름(1작은술), 소금(0.5작은술)

초간장
설탕(0.5작은술)+간장(1큰술)+식초(1작은술)

RECIPE

1 다진 돼지고기는 물(2큰술), 후춧가루(0.2작은술), 청주(1큰술), 간장(1큰술), 다진 마늘(1작은술), 다진 생강(0.5작은술), 참기름(1작은술)을 넣고 끈기가 날 때까지 섞고,

2 송송 썬 부추, 소금(0.5작은술)을 넣고 버무려 만두소를 만들고,

TIP 부추를 넣은 뒤엔 살살 버무려야 풋내가 나지 않아요.

3 만두피에 만두소를 얹은 뒤 반으로 접고 주름을 잡아 만두를 만들고,

TIP 시판 만두피를 사용할 경우, 만두피가 마르지 않도록 사용하기 직전에 개봉해요.

TIP 모양을 다르게 빚어도 좋아요.

4 달군 팬에 식용유(1큰술)를 두른 뒤 절반 분량의 만두를 얹고 중간 불에서 밑부분이 노릇해지도록 굽다가 따뜻한 물(⅓컵)을 부어 뚜껑을 덮어 굽고,

TIP 물을 넣은 뒤 뚜껑을 덮으면 속까지 잘 익어요. 물 끓는 소리가 들리지 않을 때까지 구워요.

5 끓는 물에 소금, 나머지 만두를 넣고 한 번 저어 만두가 떠오를 때까지 중간 불에서 삶고,

6 물만두와 군만두를 그릇에 담아 **초간장**을 곁들여 마무리.

the best recipe 6

저렴하게 즐길 수 있으면서도 든든한 감자탕은 인기 외식메뉴예요.
돼지 등뼈로 육수를 만들어 깊은 맛을 내고 포슬포슬한 감자와
고소한 들깻가루를 듬뿍 넣으면 사먹는 것보다 훨씬 푸짐하답니다.
칼슘, 비타민, 탄수화물이 풍부해 성장기 어린이들에게 좋고, 노화 방지 효과도 있어요.

감자탕

POINT!

매콤한 맛을 위한 고추기름 만들기

달군 팬에 식용유(0.5큰술)를 살짝 끓여 그릇에 담고 고춧가루(1큰술)와 섞어 고추기름을 만들어요. 고춧가루와 식용유를 함께 끓이면 탈 수 있으니 주의하세요.

READY | 4인분

필수 재료
돼지 등뼈(600g), 감자(2개), 대파($\frac{1}{2}$대), 붉은고추(1개), 풋고추(1개), 깻잎(5장)

육수 재료
대파(1대), 생강(1톨), 마늘(2쪽), 청주(1큰술), 된장(1작은술)

양념
등뼈육수($\frac{1}{2}$컵), 들깻가루(4큰술), 소금(1작은술), 간장(1큰술), 청주(1큰술), 다진 마늘(1큰술), 고추기름(1큰술), 후춧가루(약간)

RECIPE

TIP 물은 돼지 등뼈의 10배 정도의 양으로 준비해 주세요.

TIP 흐르는 물에 씻은 뒤 체에 밭쳐 30분 정도 두어 물기를 제거한 돼지 등뼈를 사용하세요.

1 끓는 물(10컵)에 **육수 재료**와 핏물을 뺀 돼지 등뼈를 넣고 뚜껑을 닫아 3~4시간 정도 중간 불로 끓이고,

2 감자는 껍질을 벗겨 4등분해 찬물에 담그고,

3 다른 냄비에 삶은 돼지 등뼈를 넣고 육수(4컵)를 부은 뒤 감자를 넣고 감자가 익을 때까지 뚜껑을 덮어 중간 불에서 끓이고,

4 감자가 적당히 익으면 **양념**을 넣고 국물이 걸쭉해질 때까지 끓이고,

5 대파와 고추를 어슷 썰어 넣고 한소끔 끓으면 적당한 크기로 썬 깻잎을 넣어 마무리.

김치콩나물밥

잘 익은 김치와 아삭한 콩나물로 밥을 지으면 다른 반찬이 필요없어요.
만드는 방법도 아주 쉽고, 간편하답니다. 향긋한 달래로 만든 특제 양념장만 곁들이면
김치콩나물밥 한 그릇으로도 영양소를 골고루 섭취할 수 있어요.

READY | 2인분

필수 재료
돼지고기(등심, 50g), 배추김치(100g),
콩나물(100g), 쌀(2컵)

양념장
고춧가루(1큰술)+간장(2큰술)+
다진 달래(2큰술)+다진 풋고추(1큰술)+
다진 마늘(1작은술)+참기름(0.5작은술)+
참깨(1작은술)

RECIPE

1 돼지고기는 얇게 썰고, 배추김치는 송송 썰고,

TIP 다듬은 콩나물을 물에 담근 뒤 종이를 덮어두면 색이 변하지 않아요.

2 콩나물은 꼬리를 다듬고,

3 냄비에 식용유(1큰술)를 두르고 돼지고기와 배추김치를 넣어 중간 불에서 볶고,

4 불린 쌀을 넣어 쌀이 투명해질 때까지 볶다가 물(2½컵)을 붓고,

TIP 쌀은 30분 정도 물에 불려서 준비해요. 기름을 약간 넣으면 윤기가 나요.

5 콩나물을 얹고 뚜껑을 덮어 센 불에서 3분 정도 끓이다 김이 오르면 약한 불로 줄여 10분 정도 뜸을 들이고,

TIP 콩나물을 미리 넣으면 콩나물의 수분이 빠져 가늘어지고 아삭아삭한 식감도 사라져요.

6 밥을 고루 섞어 그릇에 담고 **양념장**과 곁들여 마무리.

돼지고기 고추장찌개

얼큰하고 뜨끈한 국물이 생각날 때 고추장찌개를 끓여보세요.
매콤한 고추장을 넣고 보글보글 끓인 국물이 큼지막하게 썬 재료들에 잘 배어
한입 먹으면 속이 확 풀린답니다. 뚜껑을 열고 끓여야 잡냄새가 제거되어 더욱 깔끔해요.

READY | 4인분

필수 재료
풋고추(1개), 붉은고추(1개), 대파(1대), 양파(½개), 두부(½모), 돼지고기(목살, 200g), 감자(1개)

양념
생강가루(약간), 청주(1큰술), 다진 마늘(1큰술), 고추장(3큰술), 국간장(1큰술)

RECIPE

1. 고추와 대파는 어슷 썰고, 양파와 두부는 먹기 좋은 크기로 썰고,

TIP 감자를 찬물에 담가두면 갈변을 막을 수 있고, 전분기가 빠져 볶을 때 서로 달라붙지 않아요.

2. 돼지고기는 한입 크기로 썰고, 감자는 한입 크기로 썰어 찬물에 담그고,

TIP 고기를 미리 볶으면 끓일 때 맛있는 육즙이 빠지지 않아요.

3. 달군 냄비에 식용유(1큰술)를 두르고 돼지고기, 생강가루, 청주(1큰술), 다진 마늘(1큰술)을 넣어 중간 불로 볶고,

4. 고기가 어느 정도 익으면 고추장(3큰술)을 넣고 볶다가 양파와 물기를 뺀 감자를 넣어 볶고,

5. 끓는 물(4컵)을 부어 끓이고,

TIP 찬물을 사용하면 돼지고기 누린내가 나므로 반드시 끓는 물을 부어주세요.

6. 두부, 대파, 고추를 넣고 국간장(1큰술)으로 간을 해 3~5분 정도 더 끓여 마무리.

the best recipe 6

돼지갈비 매운조림

돼지갈비에 달콤한 바비큐 소스를 발라 구운 바비큐립은 패밀리레스토랑의 인기 메뉴죠.
매콤한 맛을 입히고, 푸짐한 스타일로 즐길 수 있도록 만든 업그레이드 립요리!
오렌지주스로 만든 소스는 잡냄새를 잡아주면서 육질까지 부드럽게 만들어줘요.

POINT!

포도주 활용하기

포도주는 콜레스테롤 수치를 낮추고 항산화효과가 있어 치매예방과 피로 회복에 좋아요. 요리에 쓰고 남은 포도주는 마개를 꼭 막은 뒤 눕혀서 보관하세요.

READY | 4인분

필수 재료
돼지갈비(800g), 새송이버섯(3개)

돼지고기 밑간
소금(1작은술), 청주(3큰술), 후춧가루(약간)

매운 오렌지 소스
올리브유(2큰술), 다진 마늘(2큰술), 다진 양파(½개), 마른고추(3개), 황설탕(2큰술), 간장(3큰술), 적포도주(3큰술), 물엿(2큰술), 고운 고춧가루(1큰술), 오렌지주스(1컵)

양념
소금(0.5작은술), 후춧가루(약간)

RECIPE

1 핏물을 뺀 돼지갈비는 칼집을 넣어 **밑간**하고,

TIP 밑간할 때 청주 대신 과실주나 소주를 사용해도 좋아요.

2 달군 팬에 식용유(1큰술)를 두른 뒤 돼지갈비의 겉면을 중간 불에서 굽고,

TIP 고추는 씨를 털고 적당한 크기로 잘라 준비해요.

3 다른 팬에 올리브유(2큰술)를 두른 뒤 다진 마늘(2큰술)과 다진 양파를 중간 불로 볶다가 마른고추, 황설탕(2큰술), 간장(3큰술), 적포도주(3큰술), 물엿(2큰술)을 넣고 볶다가 고운 고춧가루(1큰술), 오렌지주스(1컵)를 넣고 한소끔 끓여 소스를 만들고,

TIP 오렌지주스 대신 맥주(1컵)를 사용해도 돼요.

4 소스에 구운 돼지갈비를 넣고 국물이 자작해질 때까지 조리고,

5 한입 크기로 썬 새송이버섯은 소금(0.5작은술)과 후춧가루로 간을 맞춘 뒤 센 불에서 노릇하게 굽고,

TIP 버섯은 센 불에서 빨리 구워야 향과 맛을 살릴 수 있어요.

6 그릇에 돼지갈비와 새송이버섯을 함께 담아 마무리.

마파두부

단백질이 풍부한 두부를 특별하게 먹고 싶다면 마파두부로 만들어보세요.
매콤한 고추기름, 달큰한 굴소스와 어우러진 부드러운 두부의 맛은 기가 막히죠.
고슬고슬하게 지은 밥에 듬뿍 올려 비벼 먹으면 든든해요.

POINT!
양지머리육수 만들기

필수 재료
물(6컵), 대파(흰 부분, 1대), 소고기(양지머리, 200g)

1. 끓는 물(6컵)에 대파, 소고기를 넣고 센 불에서 한소끔 끓이고,
2. 뚜껑을 덮고 중약 불로 낮춰 1시간 정도 끓여 마무리.

READY | 4인분

필수 재료
돼지고기(등심, 50g), 양파(½개), 대파(½대), 두부(1모), 붉은고추(1개), 풋고추(1개), 양지머리육수(1컵)

돼지고기 밑간
청주(1작은술), 간장(1작은술), 다진 마늘(1작은술), 후춧가루(약간), 생강가루(약간)

양념장
고운 고춧가루(0.5큰술)+굴소스(1큰술)+고추기름(1큰술)+후춧가루(약간)

녹말물
녹말가루(1큰술)+물(1큰술)

양념
참기름(1작은술)

RECIPE

1 돼지고기는 깍둑 썰어 **밑간**하고,

2 양파는 잘게 다지고, 두부는 깍둑 썰고, 고추와 대파는 잘게 썰고,

3 **양념장**을 만들고,

TIP 두반장 대신 굴소스를 사용하면 짜지 않아요.

4 식용유(1큰술)를 두른 팬에 양파와 밑간한 돼지고기를 중간 불로 볶고,

TIP 양파와 돼지고기를 동시에 볶아야 돼지고기가 팬에 달라붙지 않아요.

5 양지머리육수(1컵)와 대파, 고추, 양념장을 넣어 끓이다 두부를 넣고,

6 끓어오르면 **녹말물**을 넣은 뒤 걸쭉해지면 참기름(1작은술)을 넣고 고루 섞어 마무리.

특별한 재료 없이 냉장고 속에 늘 있는 김치로 뚝딱 만들 수 있는 칼칼한 김치찌개예요.
김치는 속을 털어내고 사용해야 텁텁하지 않고 깔끔한 맛을 낼 수 있답니다.
숙성이 덜 된 김치는 충분히 볶은 뒤 끓여주세요.

김치찌개

READY | 4인분

필수 재료
돼지고기(목살, 200g), 배추김치(300g), 두부(⅓모), 대파(1대)

돼지고기 밑간
청주(1큰술), 간장(1큰술), 다진 마늘(1큰술)

육수 재료
다시마(10cm×10cm=1장)

RECIPE

TIP 김치찌개를 만들 때는 기름기가 적당히 붙어 있는 목살이 좋아요.

1 돼지고기는 **밑간**하고,

2 배추김치, 두부는 적당한 크기로 썰고, 대파는 어슷 썰고,

3 끓는 물(4컵)에 다시마를 넣고 불을 끈 뒤 30분 정도 육수를 우려내고,

4 달군 냄비에 식용유(1큰술)를 두른 뒤 밑간한 고기를 넣어 중간 불로 볶고,

5 김치를 넣고 볶다가 대파를 넣고,

6 다시마육수(4컵)를 넣고 끓어오르면 약한 불로 줄여 30분 정도 끓인 뒤 두부를 넣어 마무리.

the best recipe 6

편육쌈

쫀득하고 기름기가 적은 사태 부위는
푹 삶아서 보쌈으로 먹기 좋아요.
이 때 특유의 잡냄새를 잡아주는 것이 중요한데, 대파나 생강, 청주 등의 향신 채소를 활용해보세요.
맛깔나게 버무린 무굴생채는 잘 삶아진 고기와 뗄 수 없는 찰떡궁합 메뉴예요.

READY | 4인분

필수 재료
돼지고기(아롱사태, 400g), 배추(½포기), 무(½개), 미나리(30g), 쪽파(5대), 굴(100g)

돼지고기 삶는 재료
대파(½대), 생강(10g), 통후추(10알), 청주(1큰술)

무굴생채 양념
고춧가루(4큰술), 설탕(0.5큰술), 다진 마늘(1큰술), 다진 생강(1작은술), 새우젓(1큰술), 참깨(1큰술)

RECIPE

1 끓는 물에 돼지고기와 **돼지고기 삶는 재료**를 넣고 센 불에서 한소끔 끓인 뒤 뚜껑을 덮어 중간 불로 40분~1시간 동안 익히고,

TIP 돼지고기를 익힌 뒤 찬물에 살짝 담그면 기름기가 제거돼요.

2 물(6컵)에 소금(1컵)을 잘 녹인 뒤 배추를 넣고 3시간 동안 절여 깨끗이 씻어 물기를 빼고,

3 무는 가늘게 채 썰고, 미나리, 쪽파는 먹기 좋은 크기로 썰고,

TIP 무를 썬 뒤 오래 두면 쓴맛이 나므로 30분 이내에 조리하거나 밀봉하여 보관하세요.

4 고춧가루(4큰술)에 물(4큰술)을 섞어 불린 뒤 설탕(0.5큰술), 다진 마늘(1큰술), 다진 생강(1작은술), 새우젓(1큰술)을 넣어 섞고 무를 넣어 색이 날 때까지 버무리고,

TIP 고춧가루를 불리면 색이 무에 빨리 배요.

5 쪽파, 미나리를 넣어 골고루 버무리고, 굴을 넣어 가볍게 무친 뒤 참깨(1큰술)를 뿌려 무굴생채를 만들고,

TIP 손에 소금을 묻혀 굴을 문지른 뒤 흐르는 물에 헹궈 사용하세요.

6 돼지고기를 건진 뒤 납작 썰어 절인 배추, 무굴생채와 함께 그릇에 담아 마무리.

제육채소볶음

남녀노소 누구에게나 사랑받는 제육볶음이에요. 생각만 해도 군침이 도는 메뉴죠.
고기와 채소를 함께 섞어 요리할 때 뜨겁게 달군 팬에 채소부터 볶아야
수분이 생기지 않아 아삭아삭한 식감이 살아요.

READY | 4인분

필수 재료
양파(½개), 양배추(100g), 깻잎(6장), 쪽파(3대), 붉은고추(1개), 풋고추(2개), 돼지고기(목살, 400g)

양념장
설탕(1큰술)+고운 고춧가루(1큰술)+청주(1큰술)+간장(1큰술)+다진 마늘(1큰술)+고추장(3큰술)+참기름(1작은술)+참깨(1작은술)+생강가루(약간)+후춧가루(약간)

RECIPE

1. 양파는 채 썰고, 양배추, 깻잎은 적당한 크기로 썰고, 쪽파는 작게 썰고, 고추는 어슷 썰고,

2. 돼지고기는 한입 크기로 썰어 **양념장**에 고루 버무린 뒤 20~30분 정도 재우고,

3. 식용유(1큰술)를 두른 팬에 양파와 양배추를 중간 불로 볶고,

4. 돼지고기의 절반을 넣고 센 불에서 볶다가 팬 한쪽에 나머지 돼지고기를 넣어 볶고,

5. 쪽파와 고추를 넣고 볶다가 깻잎을 넣고 불을 끈 뒤 고루 섞어 마무리.

Tip 돼지고기를 두 차례 나눠 넣어 볶으면 물이 생기지 않아 맛있어요.

the best recipe 6

부대찌개

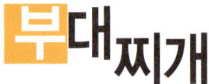

김치찌개와 비슷하게 보이지만, 각종 재료들이 어우러져 맛을 내는 부대찌개는 전혀 다른 매력을 가지고 있죠.
짜지 않으면서도 감칠맛이 나는 특제 양념장으로 끓인 부대찌개랍니다.

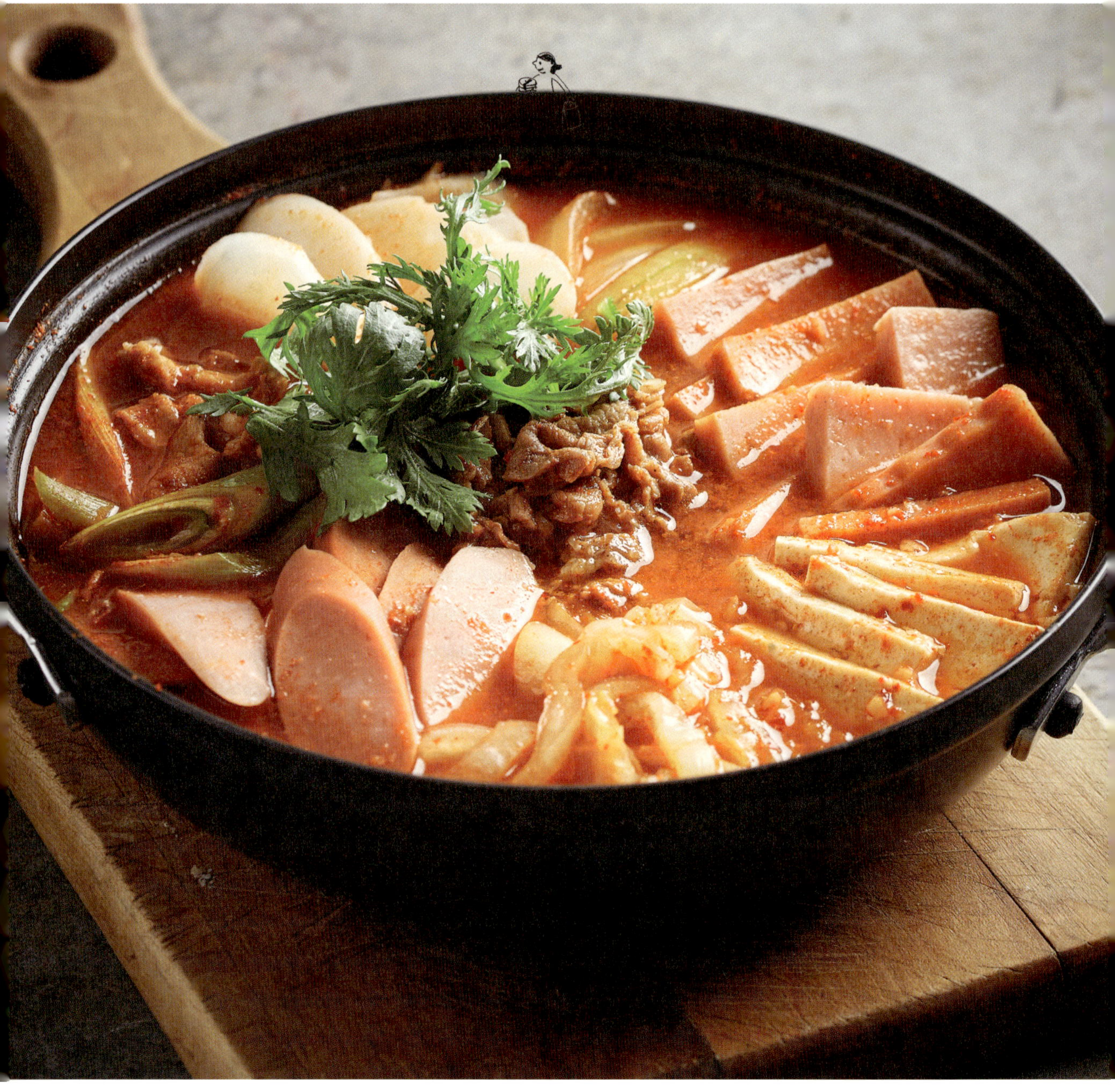

READY | 4인분

필수 재료
소시지와 햄(300g), 쑥갓(10g), 두부(½모), 양파(½개), 대파(1대), 김치(200g), 떡국떡(80g), 소고기(50g), 돼지고기(70g)

육수 재료
소고기(양지머리 또는 사태, 400g), 대파(1대), 마늘(5쪽), 통후추(5알)

소고기, 돼지고기 밑간
간장(1작은술), 다진 마늘(1작은술), 식용유(0.5큰술), 후춧가루(약간)

양념장
소고기육수(½컵)+고춧가루(2큰술)+국간장(0.5큰술)+ 다진 마늘(1큰술)+고추장(2큰술)+생강가루(약간)+후춧가루(약간)

RECIPE

1 끓는 물(10컵)에 **육수 재료**를 넣고 끓어오르면 뚜껑을 덮어 1시간~1시간 30분 정도 중간 불로 끓이고,

TIP 소고기는 물에 한 번 헹군 뒤 체에 밭쳐 핏물을 빼고 사용해요.

2 양념장을 만들고,

3 소시지와 햄은 적당한 크기로 썰어 체에 밭친 뒤 뜨거운 물을 붓고,

TIP 뜨거운 물을 부으면 기름기가 거의 없어져요.

4 쑥갓과 두부는 적당한 크기로 썰고, 양파는 채 썰고, 대파는 어슷 썰고, 김치는 잘게 썰고, 떡은 찬물에 헹구고,

5 소고기와 돼지고기는 적당한 크기로 썰어 **밑간**하고,

TIP 고기 양념에 식용유를 넣으면 육즙이 국물에 스며들지 않고 그대로 남아 더욱 맛있어요.

6 냄비에 소고기육수(4컵), 햄, 소시지를 넣고 중간 불로 끓이다 밑간한 고기와 김치, 대파, 양파, 두부를 넣은 뒤 양념장을 넣고 다시 끓으면 떡을 넣어 한소끔 더 끓이고 쑥갓을 올려 마무리.

닭다리살구이

닭다리살은 쫄깃하게 씹히면서도 부드러운 맛으로
구이, 조림, 튀김 등 다양한 요리에 활용할 수 있어요.
닭다리살을 구울 때, 껍질부터 익혀야 기름이 잘 빠진답니다.
가위집을 살짝 내주면 빨리 익힐 수 있어요.

READY | 4인분

필수 재료
닭다리살(550g), 붉은고추(½개), 풋고추(1개), 대파(½대), 청주(1큰술)

닭고기살 밑간
흰 후춧가루(약간), 생강가루(약간), 청주(1큰술)

양념장
설탕(0.5큰술)+고운 고춧가루(1작은술)+생강가루(0.5작은술)+흰 후춧가루(약간)+간장(2큰술)+다진 마늘(1큰술)+참기름(1작은술)

RECIPE

1 닭다리는 칼집을 내서 뼈를 제거하고 살만 발라내 포를 뜬 다음 칼등으로 두드리고,

2 고추는 씨를 털어낸 뒤 채 썰고, 대파는 가늘게 채 썰고,

3 닭다리살은 **밑간**에 5분 정도 재우고,

4 닭다리살의 겉면이 익을 때까지 달군 팬에서 중간 불로 굽고,

TIP 앞뒤로 뒤집어 가며 구워주세요.

5 어느 정도 익으면 청주(1큰술)를 뿌리고 **양념장**을 부은 뒤 채 썬 대파와 고추를 넣어 볶고,

TIP 초벌구이엔 껍질부터, 양념한 후에는 살부터 익혀야 맛있어요.

6 뚜껑을 덮어 속까지 고루 익혀 마무리.

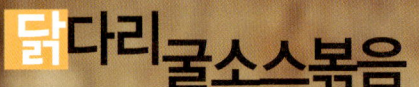다리굴소스볶음

아이들이 먹기에 편하도록 닭다리를 한입 크기로 썰었어요.
작게 썬 고기라도 중간 불에서 은근하게 익혀야 속까지 고루 익어 맛있답니다.
어떤 재료도 맛있게 만들어 주는 마법의 굴소스로 볶았으니 맛은 두말할 필요도 없겠죠.

READY | 4인분

필수 재료
닭다리살(550g), 마늘(2쪽), 생강(1톨), 마른고추(3개), 실파(3대)

닭다리 밑간
녹말가루(2큰술), 청주(1큰술), 간장(1큰술), 생강가루(약간)

양념
설탕(1큰술), 식초(1큰술), 청주(1큰술), 물(2큰술), 토마토케첩(1큰술), 굴소스(2큰술)

RECIPE

1 닭다리살은 한입 크기로 썬 뒤 **밑간**에 버무려 10분 정도 재우고,

2 식용유(3큰술)를 두른 팬에 닭다리살을 중간 불로 익힌 뒤 체에 밭쳐 기름기를 빼고,

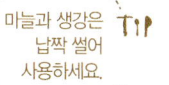

TIP 마늘과 생강은 납작 썰어 사용하세요.

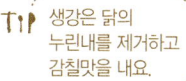

TIP 생강은 닭의 누린내를 제거하고 감칠맛을 내요.

3 달군 팬에 식용유(1큰술)를 두르고 마늘, 생강, 마른고추를 중간 불로 볶고,

4 **양념**을 넣어 바글바글 끓이고,

5 거품이 올라올 정도로 끓으면 닭다리살을 넣어 볶고,

TIP 닭고기는 초벌구이한 뒤 볶아야 기름이 빠져 더 담백해요.

6 먹기 좋게 썬 실파를 넣고 볶아 마무리.

우리 아이에게 맛있으면서도 영양이 가득한 간식을 주고 싶은 마음은 늘 한결같아요.
닭가슴살에 치즈, 깻잎, 빵가루를 버무려 바삭바삭하게 구워내 아이들이 너무 좋아해요.

닭가슴살 치즈지짐

READY | 4인분

필수 재료
닭가슴살(200g), 슬라이스 치즈(2장), 밀가루(약간+3큰술), 빵가루(1½컵), 붉은고추(1개), 깻잎(5장), 달걀(1개)

닭가슴살 밑간
소금(0.5작은술), 흰 후춧가루(약간), 청주(1큰술)

소스
케첩(2큰술), 우스터소스(2큰술)

RECIPE

1 닭가슴살은 한입 크기로 포를 뜬 다음 **밑간**해 5~10분 정도 재우고,

TIP 살짝 얼리면 포 뜨기가 편해요. 포가 두꺼운 경우 칼집을 살짝 내거나 두드려주세요.

2 슬라이스 치즈는 밀가루를 묻힌 채 썰고,

TIP 밀가루나 빵가루를 묻히면 끈적거리지 않아 잘 썰려요.

3 빵가루에 붉은고추와 깻잎을 채 썰어 넣고, 슬라이스 치즈를 넣어 섞고,

4 닭가슴살에 밀가루(3큰술) → 달걀물(달걀 1개 + 물 1큰술) → 준비한 빵가루 순서로 묻히고,

TIP 빵가루를 입힐 때는 꼭꼭 눌러주세요.

5 팬에 식용유(3큰술)를 두른 뒤 닭가슴살을 넣어 중간 불로 지지고,

TIP 앞뒤로 뒤집어가며 고루 익혀주세요.

6 키친타월에 올려 기름기를 뺀 뒤 **소스**를 곁들여 마무리.

닭봉단호박조림

비타민과 섬유질이 풍부해 노폐물 배출에 효과적인 단호박은 닭봉과 환상의 궁합을 자랑한답니다.
달달하면서도 짭조름하게 조려낸 맛이 환상적이에요.
특별한 날을 위한 메인 요리로도 손색없어요.

POINT!

가다랑어포육수 만들기

필수 재료
물(5컵), 가다랑어포(10g)

1. 물(5컵)을 팔팔 끓인 뒤 불을 끄고 가다랑어포를 넣고.
2. 물이 식을 때까지 우려내 마무리.

READY | 4인분

필수 재료
닭봉(10개), 단호박(⅓개), 양파(½개),
마른고추(1개), 마늘(3쪽), 생강(1톨)

닭봉 밑간
소금(0.5작은술), 청주(1큰술),
흰 후춧가루(약간)

양념장
가다랑어포육수(1컵)+설탕(1큰술)+
청주(1큰술)+간장(2큰술)+물엿(1큰술)

양념
참기름(1작은술)

RECIPE

1 닭봉은 앞뒤에 칼집을 넣은 뒤 **밑간**하고,

TIP 단호박은 조릴 때 뭉개지지 않도록 도톰하게 썰어요.

2 씨를 긁어 낸 단호박과 양파는 막대 모양으로 썰고,

3 씨를 뺀 마른고추는 3~4등분하고, 마늘, 생강은 납작 썰고,

4 달군 팬에 식용유(2큰술)를 두르고 닭봉을 중간 불에 노릇하게 구워 꺼내두고,

5 달군 팬에 마른고추, 마늘, 생강을 넣은 다음 **양념장**을 넣고 중간 불로 끓이고,

6 닭봉, 단호박, 양파를 넣고 국물이 자작해질 때까지 조리고,

TIP 종이를 덮고 조리면 넘치지 않고 잘 익어요.

7 마른고추와 생강을 건진 뒤 참기름(1작은술)을 둘러 마무리.

the best recipe 6

보양식의 대명사 삼계탕!
알차게 찹쌀까지 넣고 뜨끈하게 끓인 삼계탕을 먹고 나면 원기가 회복되고,
활력이 생기는 것을 느낄 수 있을 거예요.
닭 속에 찹쌀을 너무 많이 채우면 잘 익지 않을 수 있으니 공간을 넉넉히 남기고 넣어주세요.

삼계탕

READY | 1인분

필수 재료
닭(1마리), 마늘(5쪽), 불린 찹쌀(4큰술), 밤(2개), 대추(2개), 수삼(1개), 대파(½대)

양념
청주(1큰술), 소금(0.5큰술), 후춧가루(약간)

RECIPE

TIP 속의 핏물을 제거해야 찹쌀에 핏물이 배지 않아 맛도 깔끔해요.

1 닭고기의 속을 키친타월로 닦아 핏물을 제거하고,

2 닭고기 배 속에 마늘(2쪽), 불린 찹쌀을 넣고 꼬챙이로 꿴 뒤, 닭다리를 X자로 교차해 고정시키고,

TIP 닭고기를 통째로 요리할 때는 닭고기의 배가 위로 향하게 넣어야 닭날개가 펼쳐지지 않고 모양이 가지런해요.

3 끓는 물에 청주(1큰술)를 넣고, 닭고기와 마늘(3쪽), 밤, 대추를 넣어 센 불에서 끓어오르면 약한 불로 줄여 뚜껑을 덮은 뒤 20분 정도 끓이고,

TIP 수삼의 맨 위부분인 뇌두에는 열 성분이 많아 두통을 일으킬 수 있으니 제거하는 게 좋아요.

4 뇌두를 제거한 수삼을 넣고 뚜껑을 덮어 20분 정도 더 끓이고,

5 송송 썬 대파와 소금(0.5큰술), 후춧가루를 뿌려 마무리.

닭봉감자탕

온 가족이 둘러앉아 푸짐하게 먹을 수 있는 일품요리예요.
채소들을 큼지막하게 썰어 더욱 먹음직스럽게 보인답니다.
채소를 손질할 때 모서리를 둥글게 깎아 사용하면 오래 익혀도 쉽게 부서지지 않아 국물이 깔끔해요.

READY | 4인분

필수 재료
닭봉(600g), 당근(½개), 감자(1개), 양파(½개), 풋고추(2개), 마른고추(2개), 생강(1톨), 마늘(3쪽)

양념장
설탕(2큰술)+고운 고춧가루(1큰술)+청주(1큰술)+간장(2큰술)+고추장(2큰술)+참기름(1작은술)

RECIPE

1 닭봉은 깨끗이 씻은 뒤 물기를 제거하고,

> TIP 뼈가 중심에 있고 겉에 살이 고루 붙은 고기가 맛있어요.

2 당근과 감자는 먹기 좋게 잘라 모서리를 다듬고, 양파는 큼직하게 썰고,

3 풋고추는 어슷 썰고, 마른고추는 반 갈라 씨를 털어내 3~4등분하고, 생강은 납작 썰고,

4 냄비에 식용유(0.5큰술)를 두르고 마늘과 마른고추, 생강을 중간 불로 볶고,

5 닭봉을 넣어 볶다가 **양념장**을 넣고,

> TIP 닭봉을 볶으면 겉표면이 단단해져 육즙이 빠지는 걸 막아줘요.

6 당근, 감자, 양파, 뜨거운 물(1컵)을 넣고 끓어오르면 뚜껑을 덮어 중약 불로 줄여 10분 정도 익히고,

> TIP 뜨거운 물을 부어주면 잡냄새가 날아가고 고기가 더 빨리 익어요.

7 마른고추와 생강은 건져내고, 풋고추를 넣고 가볍게 섞어 마무리.

the best recipe 6

깐풍기

깐풍기, 깐풍육, 라조기, 라조육… 이런 비슷한 중국요리 이름은 매번 헷갈리더라고요.
더 이상 헷갈리지 않도록 정확히 알려드릴게요.
닭고기로 만들면 '-기', 돼지고기로 만들면 '-육'이랍니다.
집에서 만들어 더욱 안심하고 먹을 수 있는 깐풍기예요.

> **READY** | 4인분
>
> **필수 재료**
> 닭다리살(500g), 달걀($\frac{1}{2}$개 분량), 감자전분($\frac{1}{2}$컵), 마늘(2쪽), 대파($\frac{1}{2}$대), 양파($\frac{1}{2}$개), 붉은고추(1개), 풋고추(2개)
>
> **닭다리살 밑간**
> 청주(1큰술), 간장(1큰술), 생강가루(약간), 후춧가루(약간)
>
> **양념**
> 간장(1큰술), 식초(1작은술), 참기름(0.5작은술), 후춧가루(약간)

RECIPE

1 닭다리살은 먹기 좋은 크기로 썰어 **밑간**에 버무리고,

2 달걀과 감자전분을 고루 섞고,

> TIP 젓가락으로 닭고기를 찌르면 핏물이나 수분이 빠져나가 속까지 잘 익어요.

3 180℃로 끓는 식용유에 닭고기를 넣고 튀기다가 닭고기가 기름 위로 떠오르면 체로 건져 젓가락으로 찌르고,

> TIP 두 번 튀겨야 더욱 바삭해요. 두 번째 튀길 때는 센 불로 기름의 온도를 높인 뒤 불을 끈 상태에서 넣고 튀겨야 타지 않고 노릇해요.

4 한 번 튀긴 닭고기를 다시 튀겨낸 뒤 체로 건져 기름기를 빼고,

5 마늘은 얇게 저며 썰고, 대파, 양파, 고추는 작게 깍둑 썰어 팬에 중간 불로 볶고,

6 볶은 채소에 **양념**을 넣어 끓이고,

7 튀긴 닭을 넣고 볶아 마무리.

닭고기냉채

닭가슴살이 다이어트에 효과적이라는 것은 누구나 알고 있죠.
가볍게 먹을 수 있으면서도 맛을 놓치고 싶지 않다면 새콤달콤한 소스와 버무려 냉채로 즐겨보세요.
닭가슴살의 퍽퍽함은 줄이고, 상큼함은 더해 맛있는 다이어트를 할 수 있어요.

RECIPE

> **READY** | 4인분
>
> **필수 재료**
> 닭가슴살(300g), 해파리(150g), 새우(3마리), 오이(1개)
>
> **닭가슴살 밑간**
> 소금(1작은술), 생강가루(0.5작은술), 청주(1큰술), 흰 후춧가루(약간)
>
> **해파리 밑간**
> 소금(1작은술), 설탕(1큰술), 식초(1큰술)
>
> **마늘 소스**
> 닭육수(1큰술), 설탕(2큰술), 소금(1작은술), 식초(3큰술), 간장(0.5큰술), 다진 마늘(1큰술)

1 닭가슴살은 **밑간**하고,

2 김이 오른 찜통에 밑간한 닭가슴살을 넣어 20분 정도 찌고,

TIP 닭가슴살을 그릇에 담아서 찌면 닭육수를 받을 수 있어요. 마늘 소스 만들 때 사용하세요.

3 닭가슴살을 식힌 뒤 잘게 찢고,

4 해파리는 찬물에 넣고 살짝 주물러 소금기를 빼고, 체에 밭쳐 물기를 뺀 뒤 끓는 물을 붓고,

TIP 끓는 물을 부어 데치면 식감이 좋아져요.

5 다시 찬물에 30분 정도 담갔다가 물기를 뺀 뒤 **해파리 밑간**에 버무리고,

TIP 소금 대신 청주를 넣어도 좋아요.

6 끓는 소금물에 새우를 넣어 살짝 데친 뒤 꼬리만 남기고 껍질을 벗겨 내장을 빼 반으로 자르고,

7 **마늘 소스**에 닭가슴살, 해파리, 새우, 채 썬 오이를 무쳐 마무리.

피부를 탱탱하게 만드는 콜라겐이 듬뿍 포함되어 있는 닭봉을 구워봤어요.
살짝 칼집을 내고 살을 밀어 올려 모양을 예쁘게 만들어보세요.
그대로 그릇에 담아내면 보기에도 좋고, 한 손에 들고 먹기도 편하답니다.

닭봉구이

READY | 4인분

필수 재료
닭봉(10개), 마늘(3쪽), 꽈리고추(10개)

양념장
설탕(2큰술)+청주(1큰술)+간장(2큰술)+
양파즙(1큰술)+생강즙(1작은술)+
다진 마늘(1작은술)+참기름(1작은술)

RECIPE

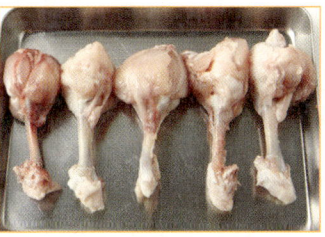

1 닭봉은 살이 없는 쪽에 칼집을 낸 뒤 살을 뒤집듯이 밀어 올려 튤립 모양을 만들고,

2 마늘과 꽈리고추는 반으로 자르고,

TIP 꽈리고추 대신 풋마늘, 마늘종, 대파를 사용해도 좋아요.

3 닭봉은 **양념장**에 고루 버무리고,

4 달군 팬에 양념한 닭봉, 마늘을 넣어 중약 불에서 굽고,

TIP 양념한 닭봉은 중약 불로 구워야 타지 않고 속까지 고루 익어요.

5 뚜껑을 덮어 속까지 익힌 뒤 꽈리고추를 넣고 살짝 익혀 마무리.

the best recipe 6

치킨바비큐

치킨의 변신은 끝도 없죠.
사먹는 치킨이 지겨울 때, 담백하면서도 달큰한 색다른 '치느님'을 만나고 싶을 때,
닭다리를 조리듯이 천천히 익혀 바비큐로 즐겨보세요. 아이들도 너무나 좋아한답니다.

POINT!

닭육수 만들기

필수 재료
물(3컵), 마늘(5쪽), 양파(½개), 닭뼈(300g)

1. 끓는 물(3컵)에 마늘과 양파를 넣고 끓이고,
2. 끓어오르면 닭뼈를 넣어 1시간 정도 끓인 후 거즈에 걸러 마무리.

READY | 2인분

필수 재료
닭다리(3개), 브로콜리(50g)

닭다리 밑간
소금(약간), 후춧가루(약간)

바비큐 소스
황설탕(1큰술)+포도주(3큰술)+레몬즙(0.5큰술)+머스터드(1작은술)+핫소스(약간)+월계수잎(2장)+타임(약간)+후춧가루(약간)

양념
버터(1.3큰술), 다진 마늘(1큰술), 다진 양파(½개), 토마토케첩(⅔컵), 닭육수(1컵)

RECIPE

1 닭다리에 칼집을 넣은 뒤 **밑간**하고,

2 달군 팬에 밑간한 닭다리를 껍질 쪽부터 넣어 중간 불로 지지고,

3 **바비큐 소스**를 만들고,

4 달군 팬에 버터(1큰술)를 녹인 뒤 다진 마늘(1큰술), 다진 양파를 넣어 중간 불로 볶고,

5 바비큐 소스, 토마토케첩(⅔컵), 닭육수(1컵)를 넣고 끓이고,

Tip 소고기육수를 사용해도 좋아요.

6 닭다리를 살 쪽부터 넣어 조리고,

7 버터(0.3큰술)에 볶은 브로콜리를 곁들여 마무리.

↑ P88
→ P136

CHAPTER 3

최고의 해산물 요리

↑ P124
→ P98

생선, 오징어, 새우, 미역, 조개 등 맛내기가 은근히 어려운 해산물을
어떻게 조리해야 좋을 지 모르는 분들의 고민을 확실하게 덜어드릴게요.
밥상에서 빠질 수 없는 시원한 국부터 영양만점의 밑반찬, 별미요리까지
신선함이 살아 있는 레시피를 만나보세요.

단백질, 비타민, 오메가-3가 풍부해 근육 형성, 피로 회복, 두뇌 건강에 좋은 연어는 생으로 자주 먹지만
육질이 연하여 두툼하게 썰어 구워도 맛이 좋아요.
양파 절임과 생강 간장으로 자칫 느끼해질 수 있는 맛을 꽉 잡았답니다.

연어구이

POINT!

연어를 굽기 전에

연어는 비늘을 제거하고
소금물에 깨끗이 씻어야
비린내가 나지 않아요.
굽기 전에 물기를 충분히
빼줘야 기름이 튀지 않고요.

READY 4인분

필수 재료
연어(400g), 청주(2큰술), 레몬(½개)

생강 간장 재료
얇게 썬 생강(10g), 설탕(2큰술),
맛술(3큰술), 청주(2큰술), 간장(3큰술)

양파 절임 재료
양파(½개), 소금(1작은술), 설탕(1작은술),
물(1작은술), 식초(1큰술), 맛술(1작은술),
레몬즙(1작은술)

RECIPE

1 냄비에 **생강 간장 재료**를 넣고 한소끔 끓인 뒤 체에 밭쳐 생강을 건져내고,

2 양파는 채 썬 다음 나머지 **양파 절임 재료**에 버무려 30분 정도 절이고,

3 달군 팬에 식용유(1큰술)를 두른 뒤 연어를 얹어 겉면만 중간 불에서 익히고,

> TIP 팬을 흔들었을 때 연어가 움직이면 한 면이 잘 익은 거예요.

4 연어 위로 청주(2큰술)를 뿌려 잡냄새를 날리고,

5 생강 간장을 앞뒤로 고루 발라 약한 불로 줄여 굽고,

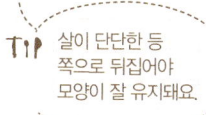

> TIP 살이 단단한 등 쪽으로 뒤집어야 모양이 잘 유지돼요.

6 연어구이를 그릇에 담고, 양파 절임, 레몬을 곁들여 마무리.

연어샐러드

훈제연어를 돌돌 말아 채소가 가득 담긴 그릇 위에 올리고 달콤새콤한 드레싱을 곁들이면 근사한 요리가 돼요.
연어의 짙은 붉은빛과 푸른 채소들이 어우러져 식욕을 자극한답니다. 와인과 곁들이면 분위기는 업!

READY | 4인분

필수 재료
양상추(5장), 겨자잎(30g), 치커리(20g),
양파(10g), 훈제연어(200g)

드레싱
오이피클(50g), 양파(30g), 통조림 파인애플(30g),
소금(0.5작은술), 설탕(1작은술), 식초(1큰술),
피클 국물(2큰술), 마요네즈(2큰술), 땅콩버터(2큰술)

RECIPE

1 양상추, 겨자잎, 치커리는 먹기 좋은 크기로 썰고,

2 양파는 링 모양으로 얇게 썰고,

3 볼에 양상추, 겨자잎, 치커리, 양파를 섞고,

4 훈제연어는 꽃 모양으로 돌돌 말고,

5 믹서에 **드레싱** 재료를 넣어 갈고,

6 샐러드채소에 훈제연어를 올리고 드레싱을 곁들여 마무리.

참치회무침

살짝 얼어 있는 참치와 채소를 새콤달콤한 초고추장에 버무리면 군침이 절로 나요.
참치 본연의 맛을 느끼기 위해서는 해동되지 않은 참치를 사용하세요.
미나리와 깻잎, 치커리의 풍미가 더해진답니다.

READY | 4인분

필수 재료
오징어(½마리), 청주(약간), 참치(200g), 미나리(30g), 오이(½개), 깻잎(10장), 치커리(40g), 셀러리(⅓대), 잣가루(1큰술)

양념장
설탕(1큰술)+고운 고춧가루(1큰술)+식초(1큰술)+배즙(1큰술)+생강즙(1작은술)+레몬즙(1큰술)+고추장(3큰술)+물엿(2큰술)+잣가루(1큰술)+참깨(약간)

RECIPE

1 오징어는 껍질을 제거해 칼집을 낸 뒤 비스듬히 저며 썰고,

2 끓는 물에 청주와 오징어를 넣어 살짝 데치고,

3 참치는 먹기 좋은 크기로 저며 썰고,

4 미나리, 오이, 깻잎, 치커리, 셀러리는 먹기 좋게 썰고,

5 오징어와 참치, 먹기 좋게 썬 채소를 **양념장**에 고루 무치고,

6 그릇에 담고 잣가루(1큰술)를 뿌려 마무리.

참치회덮밥

고소한 참치와 향긋한 깻잎이 잘 어울리네요. 여기에 아삭하게 씹히는 무와 오이가 시원함까지 더했답니다.
요리초보도 간단하게 맛을 낼 수 있으니,
주말 오후에 신선함이 그대로 살아 있는 참치회덮밥 한번 만들어보세요.

READY | 1인분

필수 재료
참치(50g), 한치(몸통, 30g), 상추(1장), 깻잎(1장), 무(30g), 오이(30g), 풋고추(½개), 마늘(1쪽), 쑥갓(2장), 밥(1공기)

초고추장
설탕(0.5큰술)+식초(1큰술)+레몬즙(1작은술)+맛술(0.5큰술)+고추장(1큰술)+생강가루(약간)

RECIPE

TIP 참치를 많이 만지거나 물에 닿게 하면 흐물흐물해지고 맛이 없어져요.

1 참치는 얇게 썰고,

2 한치는 가늘게 채 썰고,

3 상추, 깻잎, 무, 오이는 채 썰고,

4 풋고추와 마늘은 작게 채 썰고, 쑥갓은 적당한 크기로 썰고,

5 밥 위에 참치, 한치, 손질한 채소를 올리고 **초고추장**을 곁들여 마무리.

the best recipe 6

자반 고등어찜

자반고등어를 쌀뜨물에 담갔다가 꺼내 사용하면 특유의 비린내와 기름기를 깔끔하게 제거할 수 있어요.
맑은 국물이지만 대파와 고추를 송송 썰어 넣어 한입 먹으면
칼칼함이 입안에 퍼지는 반전이 있는 요리예요.

READY | 4인분

필수 재료
자반고등어(2마리), 감자(1개), 대파($\frac{1}{2}$대), 풋고추(2개), 붉은고추($\frac{1}{2}$개)

양념
생강가루(1작은술), 청주(2큰술), 다진 마늘(1큰술), 참기름(1작은술)

RECIPE

1. 자반고등어는 쌀뜨물에 30분 정도 담가두고,

2. 물기를 뺀 뒤 먹기 좋은 크기로 토막 내고,

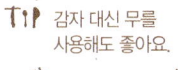

Tip 감자 대신 무를 사용해도 좋아요.

3. 감자는 껍질을 벗긴 뒤 1cm 두께로 썰어 찬물에 담그고,

4. 냄비에 감자를 깔고,

5. 감자 위에 자반고등어를 올리고,

6. 물(1컵)과 **양념**을 넣은 뒤 어슷 썬 대파, 고추를 넣어 재료가 익을 때까지 중간 불로 끓여 마무리.

the best recipe 6

DHA가 풍부해 성장기 아이들의 두뇌 발달은 물론, 치매 예방에도 좋은 등푸른 생선 고등어.
오늘은 카레가루를 솔솔 뿌려 특별하게 구워보세요.
카레 특유의 향이 감돌아 색다른 고등어를 맛볼 수 있어요.

고등어 카레구이

READY | 4인분

필수 재료
자반고등어(2마리), 밀가루(3큰술), 카레가루(3큰술)

RECIPE

TIP 손질된 자반고등어를 구매해도 좋아요.

TIP 밀가루와 카레가루를 섞어 묻히면 생선살이 부스러지지 않고 비린내를 잡아줘요.

1 자반고등어는 쌀뜨물에 담갔다 물기를 뺀 뒤 머리와 꼬리 자르고,

2 밀가루, 카레가루를 섞어 자반고등어 살 쪽에 고루 묻히고,

TIP 종이를 덮고 구우면 기름이 튀지 않아요.

3 달군 팬에 식용유(2큰술)를 두른 뒤 중간 불로 자반고등어를 고루 익히고,

4 그릇에 담아 마무리.

the best recipe 6

물을 살짝 묻힌 북어포에 감칠맛을 더하는 양념을 넣어
반죽한 뒤 튀기면 술안주로 제격이에요.
포슬포슬한 북어를 튀기면 새로운 매력을 맛볼 수 있답니다.
한두 개씩 집어먹다보면 금방 빈 그릇이 될거예요.

북어튀김

READY | 4인분

필수 재료
북어채(80g), 깻잎(5장), 검은깨(1큰술)

양념
밀가루(1큰술), 설탕(1작은술), 간장(0.5큰술),
다진 마늘(1작은술), 참기름(0.5작은술), 흰 후춧가루(약간)

반죽 재료
밀가루(4큰술), 튀김가루(4큰술), 달걀(1개), 물(½컵)

RECIPE

TIP 물에 담가두면 맛이 빠지므로 물을 살짝만 뿌려주세요.

TIP 북어채에 밀가루를 버무리면 수분이 제거돼 반죽과 분리되지 않아요.

1 북어채는 먹기 좋게 잘라 물을 살짝 묻혀 준비하고,

2 북어채에 **양념**을 넣어 버무리고,

3 **반죽 재료**를 섞어 준비하고,

4 잘게 썬 깻잎과 검은깨(1큰술), 북어채를 고루 버무리고,

5 170℃로 예열된 식용유에 적당한 크기로 반죽을 떼어 넣은 뒤 바삭하게 튀기고,

6 튀김을 건져 키친타월에 올려 기름기를 제거하여 마무리.

TIP 북어채를 넣고 적당히 튀겨진 후에 저어야 튀김옷이 떨어지지 않아요.

the best recipe 6

신선한 기름을 사용해 안심하고 먹을 수 있다는 것이 홈메이드의 장점이죠.
비타민 D가 함유된 표고버섯과 양질의 단백질이 가득한 흰살생선을 새콤달콤하게 즐겨보세요.

생선표고탕수

READY | 4인분

필수 재료
불린 표고버섯(250g), 동태살(250g), 달걀(½개 분량), 감자전분(⅔컵), 죽순(20g), 마늘(1쪽), 목이버섯(30g), 완두콩(30g)

표고버섯 양념
간장(1작은술), 참기름(2작은술), 후춧가루(약간)

동태 밑간
소금(1작은술), 청주(1큰술), 참기름(2작은술), 흰 후춧가루(약간)

소스
설탕(3큰술), 감자전분(1.5큰술), 식초(3큰술), 청주(1큰술), 간장(1큰술), 물(1컵)

RECIPE

1 불린 표고버섯은 기둥을 제거하고 반으로 어슷 썰어 **표고버섯 양념**에 버무리고,

TIP: 나무젓가락을 넣었을 때 기포가 올라오면 튀기기 적당한 온도예요.

2 동태살은 적당한 크기로 포를 뜨고 **밑간**에 버무리고,

3 달걀을 풀어 동태와 표고버섯에 버무린 뒤 감자전분과 물(1큰술)을 넣어 섞고,

4 170~180℃로 달군 식용유에 표고버섯, 동태를 넣고 식용유 위로 떠오르면 건진 뒤 체에 받쳐 기름기를 빼고,

5 튀김의 수분을 날린 뒤 식용유에 넣고 한 번 더 튀겨 체에 받치고,

6 팬에 식용유(2큰술)를 두르고 먹기 좋은 크기로 자른 죽순, 마늘, 목이버섯, 완두콩을 볶은 뒤 **소스**를 부어 중간 불에서 끓이고,

7 걸쭉해진 소스에 튀김을 넣고 골고루 버무려 마무리.

대구탕

1~3월까지는 대구가 산란철이라 살이 통통하고 영양도 풍부해요.
저지방, 저칼로리 생선인 대구의 담백한 맛을 제대로 느끼려면 맑고 깔끔한 탕으로 끓여보세요.
자극적인 조미료 없이도 푸짐한 일품요리가 탄생한답니다.

READY 4인분

필수 재료
대구(1마리), 무(⅓개), 대파(1대), 애호박(⅓개), 쑥갓(10g), 콩나물(100g)

육수 재료
다시마(10cm×10cm=1장), 마른고추(2개)

양념
청주(1큰술), 다진 마늘(1큰술), 국간장(1큰술), 소금(0.5큰술)

RECIPE

TIP 비늘이 고르게 붙어 있고 선명한 눈과 선홍빛 아가미를 가진 대구가 신선해요.

1 손질한 대구는 소금물에 씻은 뒤 면포나 키친타월로 물기를 제거하고,

2 무는 나박 썰고, 대파는 어슷 썰고, 애호박은 반달 모양으로 썰고, 쑥갓은 적당한 크기로 썰고,

3 콩나물은 머리와 꼬리를 손질하고,

4 냄비에 물(5컵)을 넣고 중간 불로 끓이다 끓어오르면 불을 끄고 다시마, 마른고추를 넣고 30분 정도 두었다가 국물만 거르고,

5 육수(5컵)에 무를 넣고 끓으면 청주(1큰술)와 대구를 넣어 뚜껑을 연 채로 중간 불로 끓이고,

6 국물이 끓으면 다진 마늘(1큰술), 대파, 애호박, 콩나물을 넣고 뚜껑을 닫아 한소끔 끓이고,

7 국간장(1큰술), 소금(0.5큰술)으로 간을 하고 쑥갓을 올려 마무리.

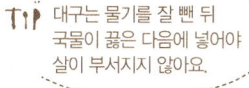

TIP 대구는 물기를 잘 뺀 뒤 국물이 끓은 다음에 넣어야 살이 부서지지 않아요.

the best recipe 6

갈치조림

살이 한껏 오른 가을철 갈치와 시원하고 달달한 무의 조합은 정말 최고예요.
양념장이 잘 배인 짭쪼름한 맛으로 없던 입맛도 생긴답니다.
갈치 양념장 레시피는 고등어, 꽁치 등 어떠한 생선조림요리에도 잘 어울려요.

READY | 4인분

필수 재료
갈치(1마리), 무(½개), 대파(½대), 풋고추(2개), 깻잎(10장)

양념장
설탕(1큰술)+고춧가루(1큰술)+생강가루(0.5작은술)+청주(2큰술)+간장(4큰술)+다진 마늘(1큰술)+물(1컵)

RECIPE

TIP 갈치는 살이 도톰하고 은백색의 광택이 나며, 흠집이 없고 탄력이 있는 것이 좋아요.

TIP 깻잎 향이 생선 비린내를 없애줘요.

1 토막 낸 갈치는 겉면을 칼로 긁어 비늘을 벗긴 뒤, 소금물에 담갔다가 꺼내 물기를 제거하고,

2 무는 도톰하게 썰고, 대파, 풋고추는 어슷 썰고,

3 냄비 바닥에 무를 깔고 그 위에 깻잎을 올리고,

4 깻잎 위에 갈치를 올린 뒤 대파와 풋고추를 얹고,

5 **양념장**을 붓고 깻잎을 얹어 센 불에서 뚜껑을 연 채로 끓이고,

6 국물이 끓어오르면 뚜껑을 닫고 약한 불로 줄여 15~20분 정도 조려 마무리.

코다리양념구이

생태는 말린 정도와 방법에 따라 완전히 말린 북어,
반건조 상태의 코다리, 얼렸다 녹이기를 반복하며 말린 황태로 나뉘죠.
그 중 코다리는 가격이 저렴한데다가 촉촉함과 쫀득함을
모두 가지고 있어 밥반찬으로도 인기 만점이랍니다.

POINT!

코다리 맛있게 굽는 방법

1. 냉동 보관한 코다리는 사용 직전 냉장실에서 해동해야 식감이 좋아져요.
2. 양념을 바르기 전에 초벌구이를 해주면 타지 않고 고루 익어요.
3. 센 불로 빨리 구워야 살이 부서지지 않아요.

READY | 4인분

필수 재료
코다리(2마리), 녹말가루(3큰술)

달래 양념장
달래(30g)+풋고추(1개)+설탕(1큰술)+고춧가루(1큰술)+간장(3큰술)+참기름(1작은술)+후춧가루(약간)+참깨(1작은술)

RECIPE

TIP 달래 양념장은 묵무침, 콩나물밥에 곁들여도 좋아요.

1 달래와 풋고추는 적당한 크기로 썬 뒤 나머지 **달래 양념장** 재료와 섞고,

2 해동한 코다리는 머리와 꼬리를 제거한 뒤 가위로 지느러미를 자르고,

TIP 녹말을 묻힌 뒤 구우면 살이 부서지지 않고 양념도 고루 배요.

3 삼장뜨기 해서 뼈를 발라낸 뒤 껍질에 칼집을 넣어 녹말가루를 묻히고,

4 달군 팬에 식용유(2큰술)를 두른 뒤 코다리를 살쪽부터 중간 불로 굽고,

5 살이 적당히 익으면 달래 양념장을 올리고 뒤집어가며 고루 익혀 마무리.

한치튀김

한치는 오징어에 비해 질기지 않고 보들보들한 식감을 가지고 있답니다.
바삭한 튀김옷을 입은 부드러운 한치는 맥주 안주로 최고예요.

READY | 2인분

필수 재료
한치(1마리), 양파(½개), 붉은고추(1개), 풋고추(1개), 깻잎(5장), 옥수수 통조림(½통)

반죽 재료
녹말가루(3큰술), 밀가루(⅔컵), 소금(1작은술)

달걀물
달걀(1개), 소금(1작은술), 물(½컵)

RECIPE

1 한치를 잘게 썰고,

2 양파, 고추는 다지고, 깻잎은 채 썰고,

3 볼에 한치, 다진 양파, 다진 고추, 채 썬 깻잎, 옥수수 통조림을 넣고,

4 **달걀물**을 넣고 섞은 뒤 **반죽 재료**를 넣어 버무리고,

5 180℃의 식용유에 반죽을 떼어내 노릇하게 튀겨 마무리.

the best recipe 6

우럭매운탕

매운탕을 끓일 때 고추장과 고춧가루를 1:1 비율로 넣는 것이 황금비율이에요.
칼칼함과 감칠맛이 살아 있는 국물이 진국이랍니다.
뚜껑을 열고 보글보글 끓이면 비린내가 날아가 더욱 깔끔하게 즐길 수 있어요.

READY | 4인분

필수 재료
우럭(1마리), 무(⅓개), 애호박(⅓개), 붉은고추(1개), 풋고추(1개), 두부(⅓모), 대파(1대), 쑥갓(20g)

양념장
고춧가루(1큰술)+청주(1큰술)+생강즙(1작은술)+다진 마늘(0.5큰술)+고추장(1큰술)+소금(약간)

양념
소금(약간)

RECIPE

1 **양념장**을 만들고,

2 우럭은 비늘을 잘 긁어낸 뒤 지느러미와 아가미를 떼고 내장을 제거하여 4~5cm 길이로 토막 내고,

3 무는 나박 썰고, 애호박은 한입 크기로 썰고, 고추는 어슷 썰고,

4 두부는 무와 같은 크기로 썰고, 대파는 어슷 썰고, 쑥갓은 짧게 손으로 뜯고,

5 냄비에 물(5컵)을 붓고 중간 불로 끓이다가 양념장을 푼 뒤 무를 넣고 무가 익으면 생선을 넣어 끓이고,

6 끓어오르면 애호박, 고추, 두부, 대파를 넣고 끓이면서 소금으로 간을 맞춘 뒤 쑥갓을 넣어 마무리.

TIP 쑥갓을 넣은 뒤 불을 끄고 잠시 두었다가 그릇에 담아내요.

새우 커틀렛

돼지고기가 아닌 새우도 커틀렛으로 즐길 수 있어요.
빵가루를 고루 묻혀 바삭하게 튀겨내면 아이들 간식으로도 좋고 술안주로도 좋아요.
요리하기 전에 새우를 마리네이드 하면 풍미가 훨씬 좋아진답니다.

READY | 4인분

필수 재료
새우(중하, 15마리), 밀가루(5큰술), 달걀(2개), 빵가루(1컵), 양배추(90g), 무순(약간)

새우 마리네이드
다진 파슬리(1큰술), 다진 마늘(1큰술), 올리브유(2큰술), 소금(약간), 흰 후춧가루(약간)

타르타르 소스
레몬즙(1작은술)+다진 파슬리(약간)+다진 피클(30g)+다진 양파(1큰술)+삶은 달걀(다진 것, $\frac{1}{2}$개)+마요네즈($\frac{1}{2}$컵)+고추냉이(약간)+흰 후춧가루(약간)

RECIPE

1 새우는 껍질과 물주머니를 제거한 뒤 배 부분에 칼집을 내고,

2 **새우 마리네이드**를 섞어 새우에 묻혀 10분 정도 재우고,

3 새우에 밀가루 → 달걀물 → 빵가루를 순서대로 고루 묻히고,

> Tip 달걀물과 빵가루를 한 번씩 더 묻히면 튀김옷이 두툼해져 더욱 바삭해요.

4 170℃로 예열된 식용유에 넣어 노릇노릇하게 튀기고,

> Tip 나무젓가락을 넣었을 때 기포가 올라오면 튀기기 적당한 온도예요.

5 튀긴 새우는 건진 뒤 키친타월에 올려 기름을 빼고,

6 채 썬 양배추, 무순 위에 새우를 올리고 **타르타르 소스**를 뿌려 마무리.

새우볶음

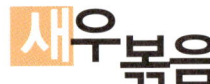

싱싱한 새우는 소금만 솔솔 뿌려 구워도 맛있지만 살짝 밑간하여 새콤한 케첩소스와 함께 볶아도 좋아요.
먹을 때 편하도록 새우껍질을 미리 제거했어요.

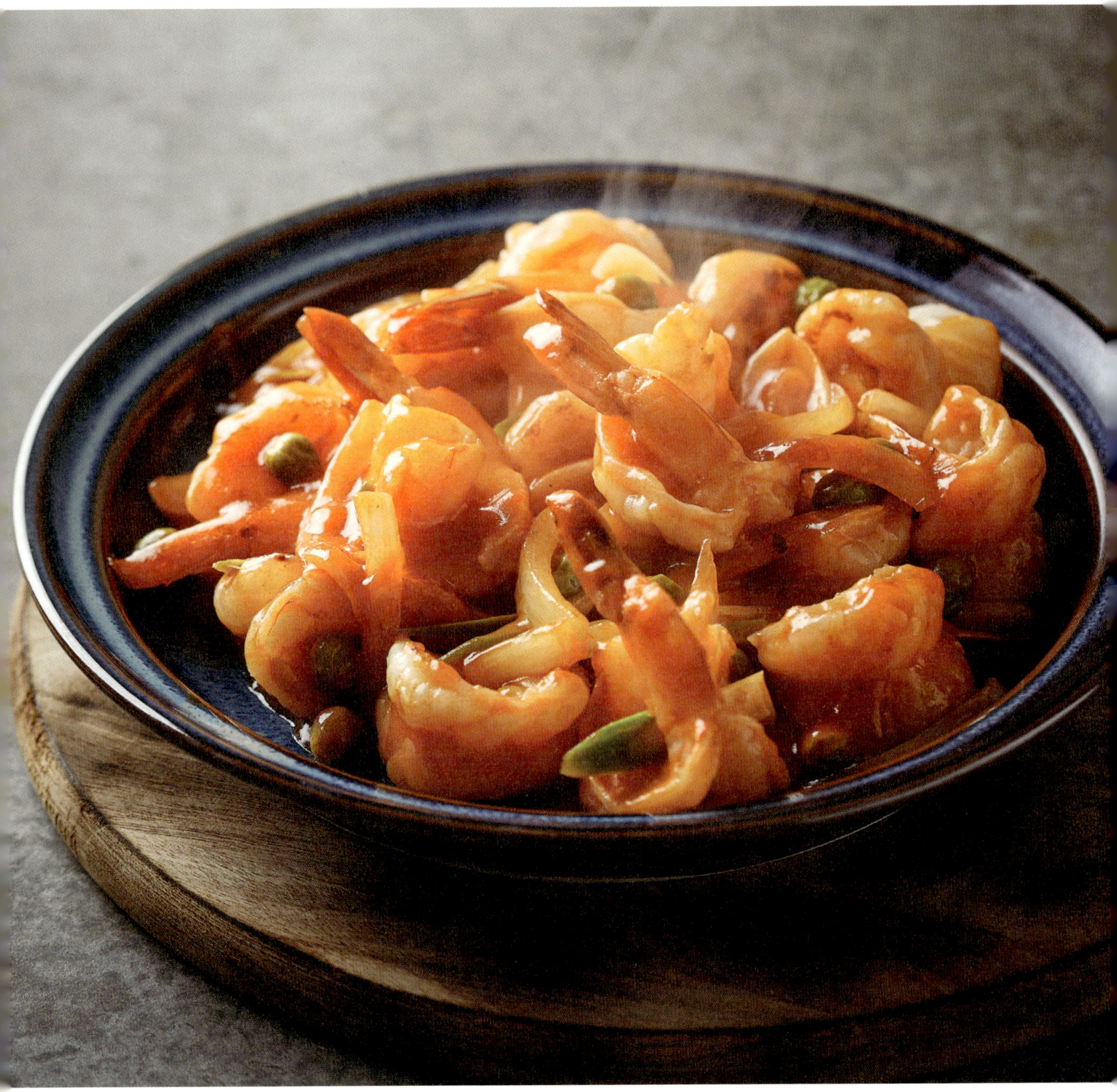

READY | 4인분

필수 재료
새우(중하, 300g), 셀러리(1대), 양파($\frac{1}{2}$개), 마늘(1쪽), 완두콩(10g)

새우 밑간
소금(1작은술), 청주(1큰술), 흰 후춧가루(약간)

양념장
물($\frac{1}{2}$컵)+설탕(1큰술)+녹말가루(1작은술)+식초(1큰술)+청주(1큰술)+토마토케첩(5큰술)+고추기름(1큰술)

양념
참기름(1작은술)

RECIPE

1 새우는 내장을 제거하고, 꼬리쪽 한마디만 남겨 껍질을 벗긴 뒤 물주머니를 제거하고 **밑간**에 버무리고.

TIP 새우의 물주머니는 제거해야 볶을 때 기름이 튀지 않아요.

2 셀러리는 어슷 썰고, 양파는 가늘게 채 썰고, 마늘은 얇게 납작 썰고.

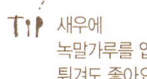

TIP 새우에 녹말가루를 입혀 튀겨도 좋아요.

3 달군 팬에 식용유(1큰술)를 두르고 밑간한 새우를 중간 불로 볶아 준비해두고.

4 다른 팬에 식용유(1큰술)를 두르고 마늘, 완두콩, 셀러리, 양파를 중간 불로 볶고,

5 재료가 어느 정도 익으면 **양념장**을 넣어 끓이고.

6 소스가 끓으면 새우와 참기름(1작은술)을 넣고 볶아 마무리.

알싸하면서도 달달한 맛이 나는 쪽파는 길게 뻗은 모양을 그대로 살려
적당한 크기로 썬 뒤 두툼하게 전으로 부치면 정말 먹음직스러워 보여요.
비가 보슬보슬 오는 날 부쳐 먹는 해물파전, 상상만 해도 행복하죠.

해물파전

READY | 4인분

필수 재료
쪽파(150g), 밀가루(1큰술), 조갯살(50g), 새우(50g), 붉은고추(½개)

반죽 재료
달걀(1개), 밀가루(5큰술), 찹쌀가루(3큰술), 소금(1작은술)

RECIPE

TIP 밀가루를 뿌려 놓으면 전을 부칠 때 반죽이 고루 잘 묻어요.

TIP 반죽에 찹쌀가루를 넣으면 파전이 더욱 부드러워져요.

1 쪽파는 적당한 길이로 썰어 흰 대 부분과 파란 잎 부분을 엇갈려 놓은 뒤 밀가루를 뿌리고,

2 조갯살과 새우는 굵게 다지고, 붉은고추는 잘게 썰고,

3 물(½컵)에 **반죽 재료**를 가볍게 섞은 뒤 조갯살, 새우, 붉은고추를 넣어 섞고,

4 중간 불로 달군 팬에 식용유(3큰술)를 두르고 쪽파를 펼친 뒤 준비한 반죽을 얹어 지지고,

5 파전 위에 식용유(2큰술)를 뿌리고 반죽을 뒤집은 뒤 약한 불로 줄여 노릇하게 익혀 마무리.

TIP 젓가락으로 쪽파 사이를 벌려 반죽이 고루 들어가게 한 뒤 약한 불에서 익혀야 맛있어요.

the best recipe 6

오코노미야키

일본식 부침개로 잘 알려진 오코노미야키는 식사 대용으로 먹기에도 충분해요.
취향대로 재료를 골라 넣어 자신만의 특별한 오코노미야키를 만들어도 재밌을 거예요.
가다랑어포를 듬뿍 올려 맥주와 곁들여 즐겨보세요.

READY 2인분

필수 재료
새우(80g), 오징어(½마리), 문어(80g), 양배추(100g), 김(½장), 가다랑어포(적당량), 마요네즈(3큰술)

육수 재료
가다랑어포(10g)

반죽 재료
달걀(1개), 밀가루(⅔컵)

소스
설탕(1작은술), 청주(1작은술), 핫소스(1작은술), 토마토케첩(0.5큰술), 우스터소스(3큰술), 물엿(1작은술)

RECIPE

1 새우는 잘게 썰고, 오징어는 껍질을 벗긴 뒤 잔칼집을 내어 저며 썰고,

2 문어는 껍질을 벗긴 뒤 잘게 썰고, 양배추는 가늘게 채 썰고,

3 끓는 물(⅔컵)에 가다랑어포를 넣고 불을 끈 뒤 그대로 식혀 육수를 만들고,

4 가다랑어포육수(⅔컵)에 새우, 오징어, 문어, 양배추를 넣은 뒤 달걀과 밀가루를 넣고 고루 섞어 반죽을 만들고,

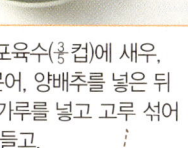

TIP 해산물과 채소를 섞은 뒤 마지막에 밀가루를 넣어야 반죽이 덩어리지지 않고 고루 퍼져요.

5 달군 팬에 식용유(1큰술)를 두르고 반죽을 올려 중간 불로 노릇하게 지지고, 한 면이 익으면 뒤집어 앞뒤로 고루 익히고,

6 오코노미야키를 그릇에 담고 **소스**를 끼얹고, 구운 김을 부숴 올리고, 가다랑어포를 얹고, 마요네즈(3큰술)를 뿌려 마무리.

해물버섯잡채

명절날이나 잔치상에 빠지면 섭섭한 메뉴, 바로 잡채예요.
채소나 버섯을 좋아하지 않는 아이들도 잡채로 만들어주면 편식하지 않고 잘 먹더라고요.
재료 하나하나의 맛을 최대한 살리면서 정성을 가득 담았어요.

RECIPE

READY | 4인분

필수 재료
새우(5마리), 낙지(1마리), 피망($\frac{1}{2}$개), 붉은고추(1개), 양파($\frac{1}{2}$개), 표고버섯(2장), 느타리버섯(50g), 당면(150g)

해물 데치는 재료
청주(2큰술), 소금(1작은술)

당면 양념
설탕(1큰술), 간장(1큰술), 참기름(1큰술)

버섯 양념
설탕(1작은술), 간장(1큰술), 다진 마늘(0.5큰술), 참기름(1작은술), 후춧가루(약간)

양념
참기름(1작은술), 참깨(1작은술)

1 끓는 물에 청주(1큰술)와 소금(0.5작은술)을 넣고 내장을 제거한 새우를 데쳐 껍질을 벗긴 뒤 2등분하고,

2 낙지는 내장과 먹통을 손질하고 소금에 주물러 씻은 뒤 끓는 물에 청주(1큰술)와 소금(0.5작은술)을 넣고 데쳐 먹기 좋은 크기로 자르고,

3 피망과 붉은고추는 씨를 털어 5cm 길이로 채 썰고, 양파도 채 썰고,

4 표고버섯은 채 썰고, 느타리버섯은 끓는 물에 데쳐 결대로 찢고,

5 당면은 물에 담갔다가 끓는 물에 삶아 찬물에 헹군 뒤, **당면 양념**에 버무려 팬에 중간 불로 볶고,

6 표고버섯과 느타리버섯은 **버섯 양념**에 버무려 식용유(1큰술)를 두른 팬에 중간 불로 볶고,

7 양파, 피망, 붉은고추를 넣어 볶고,

8 새우, 낙지를 넣어 볶다가 당면과 참기름(1작은술), 참깨(1작은술)를 넣고 볶아 마무리.

the best recipe 6

볶음우동을 만들 때 소스만큼 중요한 것은 바로 면을 알맞게 삶는 거예요.
아무리 맛있는 소스도 면이 불거나 덜 익으면 그 맛이 나지 않죠.
탱글탱글한 우동면 삶는 비법부터 특제 소스 레시피까지 알려드릴게요.

해물 볶음우동

RECIPE

> **READY** | 4인분
>
> **필수 재료**
> 우동면(200g), 대파(½대), 양배추(100g), 오징어(½마리), 소고기(불고기용, 100g), 새우(3마리), 마늘(5쪽), 숙주나물(80g), 피망(½개)
>
> **양념**
> 참기름(2큰술)
>
> **양념장**
> 설탕(1큰술)+간장(2큰술)+굴소스(2큰술)+우스터소스(2큰술)+후춧가루(약간)

1 끓는 물에 우동면을 넣은 뒤 뚜껑을 닫고, 물이 끓어오를 때마다 찬물을 붓고 뚜껑을 닫아 다시 끓이기를 3번 반복한 뒤 한 번 더 끓여 면을 삶고,

TIP 면의 녹말을 헹궈내야 국물이 걸쭉해지지 않아요.

2 삶은 면은 체에 밭친 뒤 찬물을 부어 물기를 제거하고,

3 대파는 어슷 썰고, 양배추는 1cm 굵기로 썰고, 껍질 벗긴 오징어는 칼집을 넣어 자르고, 소고기는 1cm 굵기로 썰고, 새우는 껍질을 벗겨 손질하고,

4 달군 팬에 납작 썬 마늘, 참기름(2큰술)을 넣고 중간 불로 볶다가 소고기를 넣어 볶고,

5 대파, 양배추를 넣고 볶다가 숙주나물, 채 썬 피망을 넣어 볶고,

6 오징어와 새우를 넣어 볶고,

7 우동면과 **양념장**을 함께 넣고 볶아 마무리.

매콤낙지볶음

대표적인 스태미나 식품으로 꼽히는 낙지는
타우린, 단백질, 무기질이 풍부해 콜레스테롤 수치를 낮춰주고, 빈혈에도 좋아요.
기력을 보충하고 싶다면 적극 추천하는 메뉴예요. 너무 오래 익히면 질겨질 수 있으니 주의하세요.

READY | 4인분

필수 재료
낙지(2마리), 대파(1개), 양파(½개), 붉은고추(1개), 풋고추(2개)

양념장
설탕(1큰술)+고춧가루(2큰술)+다진 마늘(0.5큰술)+고추장(2큰술)

양념
참기름(1작은술), 참깨(1작은술)

RECIPE

1 낙지는 내장, 눈, 입을 제거하고 소금에 바락바락 주물러 씻은 뒤 5cm 길이로 썰고,

2 **양념장**을 만들고,

3 대파는 어슷 썰고, 양파와 고추는 채 썰고,

4 달군 팬에 식용유(1큰술)를 두르고 양념장을 넣어 중간 불로 볶다가 대파, 양파, 고추를 넣고,

5 팬의 가운데에 낙지를 넣어 볶다가 살짝 익으면 채소와 섞어 볶고,

TIP 낙지를 데친 뒤 볶으면 감칠맛이 빠져요.

6 참기름(1작은술), 참깨(1작은술)를 넣어 마무리.

the best recipe 6

쫄깃한 식감으로 사랑받는 오징어와 아삭한 채소가 잘 어우러진 요리예요.
매콤새콤해 입맛을 돋게 하죠.
오징어를 손질할 때 세로로 칼집을 낸 뒤 저며 썰면 그 사이사이로 양념이 배어들어 맛이 좋아져요.

오징어 오이무침

READY | 2인분

필수 재료
오징어(1마리), 양파(½개), 오이(1개), 실파(3대)

양념
청주(1큰술), 소금(1큰술)

양념장
설탕(1.5큰술)+고춧가루(2큰술)+소금(1작은술)+식초(2큰술)+다진 마늘(2작은술)+참깨(1작은술)

RECIPE

1 껍질을 벗긴 오징어의 몸통과 지느러미에 칼집을 낸 뒤 저며 썰고, 다리는 끝부분을 제거해 먹기 좋은 크기로 썰고,

2 끓는 물에 청주(1큰술)와 오징어를 넣고 가장자리에 기포가 올라올 때까지 데친 뒤 식히고,

3 양념장을 만들고,

4 양파는 채 썰고, 오이는 어슷 썬 뒤 각각 소금(0.5큰술)을 넣어 10분 정도 절여 물기를 제거하고,

5 실파는 3cm 길이로 썰고,

6 오징어, 양파, 오이, 실파와 양념장을 버무려 마무리.

TIP 양파는 찬물에 헹궈 매운맛을 빼요.

TIP 가늘고 씨가 적은 오이를 소금으로 문질러 씻어 준비해요.

the best recipe 6

소복하게 담은 밥 위에 주꾸미를 듬뿍 올리면 든든한 한그릇 요리가 돼요.
매콤한 양념장 대신 고소한 참기름으로 무친 색다른 주꾸미가 별미예요.
큰 주꾸미보다 중간 크기의 주꾸미가 더 연하고 부드럽답니다.

주꾸미덮밥

READY | 2인분

필수 재료
주꾸미(10마리), 맛술(약간), 당근(¼개), 깻잎(5장), 양상추(80g), 무(⅓토막), 오이(½개), 풋고추(1개), 마늘(1쪽), 쑥갓(5개), 밥(2공기)

주꾸미 양념
참기름(1작은술), 소금(약간), 참깨(1작은술)

양념장
설탕(3큰술)+식초(3큰술)+맛술(1큰술)+
레몬즙(1큰술)+고추장(5큰술)+물엿(1큰술)+
생강가루(약간)

RECIPE

TIP 주꾸미는 내장, 눈, 입을 제거한 뒤 소금에 바락바락 씻어서 준비해요.

1 손질한 주꾸미는 끓는 물에 맛술을 넣고 살짝 데친 뒤 먹기 좋은 크기로 썰고,

2 당근은 얇게 채 썬 뒤 체에 받쳐 끓는 물에 살짝 데치고,

3 깻잎, 양상추, 무, 오이는 잘게 채 썰어 찬물에 살짝 헹궈 준비하고,

4 풋고추는 씨를 제거해 채 썰고, 마늘은 채 썰고, 쑥갓은 먹기 좋은 크기로 썰고,

5 주꾸미에 풋고추와 마늘, **주꾸미 양념**을 넣어 가볍게 무치고,

6 밥 위에 당근, 깻잎, 양상추, 무, 오이, 쑥갓을 돌려 담은 뒤 양념한 주꾸미를 올리고, **양념장**을 곁들여 마무리.

꽃게탕

필수아미노산, 단백질, 철분 등 영양이 풍부해 성인병 예방은 물론
성장기 아이들 영양섭취에도 좋은 꽃게는 얼큰한 탕으로 끓여 먹으면 참 맛있죠.
센 불에서 짧은 시간 동안 끓여야 살이 단단하고 국물 맛이 시원해진다는 것 꼭 기억하세요.

> **READY** | 4인분
>
> **필수 재료**
> 꽃게(2마리), 대파(1대), 붉은고추(1개),
> 풋고추(1개), 애호박(½개), 두부(¼모),
> 모시조개(100g), 쑥갓(15g)
>
> **양념**
> 고춧가루(1작은술), 청주(2큰술),
> 다진 마늘(0.5큰술), 된장(1큰술),
> 고추장(1작은술), 생강가루(약간)

RECIPE

TIP 물로 씻으면 비린내가 나므로 면포로 닦아주세요. 소금물로 닦아내도 좋아요.

1 꽃게는 등딱지를 떼고 모래주머니와 몸통 쪽의 아가미를 떼어낸 뒤 깨끗한 면포로 닦고,

2 꽃게 다리는 끝부분을 잘라내고 집게는 칼집을 내고, 몸통은 세워 먹기 좋은 크기로 자르고,

3 대파와 고추는 어슷 썰고, 애호박은 반달 썰고, 두부는 한입 크기로 썰고,

4 냄비에 물(4컵)과 **양념**을 넣은 뒤 모시조개를 넣어 소개 입이 벌어질 때까지 중간 불로 끓이고,

5 끓어오르면 꽃게를 넣고,

6 어슷 썬 대파, 고추를 넣어 끓이고,

7 애호박과 두부를 넣고 끓이다 쑥갓을 올려 마무리.

TIP 기호에 맞게 소금으로 간을 해도 좋아요.

양념꽃게장

배에 있는 딱지가 넓고 둥근 것이 암게예요. 암게는 산란기인 봄철에 가장 맛이 좋답니다.
자꾸 손이 가는 짭쪼름한 맛이 기가 막힌 꽃게장이에요.
2~3일 정도 숙성하여 먹으면 더욱 맛있답니다.

READY | 4인분

필수 재료
꽃게(암게, 2마리)

양념
마른고추(3개), 생강(1톨), 설탕(2큰술), 간장(4큰술), 고춧가루(2큰술), 청주(1큰술), 다진 마늘(0.5큰술), 참기름(1작은술), 참깨(1작은술), 붉은고추($\frac{1}{2}$개), 풋고추(1개)

RECIPE

Tip 물로 씻으면 비린내가 나므로 면포로 닦아주세요. 소금물로 닦아내도 좋아요.

1 꽃게는 등딱지를 떼고 모래주머니와 몸통 쪽의 아가미를 떼어낸 뒤 깨끗한 면포로 닦고,

2 꽃게 다리는 끝부분을 잘라내고 집게는 칼집을 내고, 몸통은 세워 먹기 좋은 크기로 자르고,

3 꽃게 딱지의 모래주머니를 떼어낸 다음 딱지 안쪽의 장은 따로 모아두고,

4 냄비에 마른고추, 편 썬 생강, 설탕(2큰술), 간장(4큰술)을 넣어 중간 불에서 끓인 뒤 건더기는 걸러내고,

5 식힌 간장에 고춧가루(2큰술), 청주(1큰술), 다진 마늘(0.5큰술), 참기름(1작은술), 참깨(1작은술), 잘게 썬 고추를 넣어 양념을 만들고,

6 꽃게를 버무려 마무리.

the best recipe 6

해물뚝배기

조개, 홍합, 새우, 오징어 등 바다 내음이 물씬 나는 각종 해산물을 듬뿍 넣고 팔팔 끓여 시원한 국물맛이 끝내줘요.
취향대로 해산물을 골라 먹는 재미까지 있네요.
식사 메뉴로도 좋지만, 안주로 먹기에도 좋답니다.

RECIPE

TIP 조개는 소금물에 1시간 정도 해감한 뒤 데쳐야 불순물이 깨끗이 제거돼요.

READY | 4인분

필수 재료
모시조개(150g), 홍합(200g), 새우(중하, 80g), 오징어(1마리), 애호박($\frac{1}{4}$개), 대파($\frac{1}{2}$대), 미나리(30g), 풋고추(2개), 붉은고추(1개)

양념
청주(1큰술), 고춧가루(1작은술), 다진 마늘(0.5큰술), 된장(3큰술)

1 끓는 물(3컵)에 청주(1큰술)를 넣은 뒤 모시조개, 홍합을 넣어 입이 벌어질 때까지 중간 불로 끓이고,

2 모시조개와 홍합을 건져 준비하고,

TIP 된장은 체에 거르지 말고 그대로 풀어야 씹히는 맛이 더해지고 고소해요.

3 새우는 머리와 내장을 제거한 뒤 껍질을 벗겨 반으로 포를 뜨고, 오징어는 껍질을 벗겨 안쪽에 칼집을 내 저며 썰고,

4 애호박, 대파는 한입 크기로 썰고, 미나리는 5cm 길이로 썰고, 고추는 네모나게 자르고,

5 조개육수는 면포에 걸러 불순물을 제거한 뒤 고춧가루(1작은술), 다진 마늘(0.5큰술), 된장(3큰술)을 넣어 중간 불에서 끓이고,

6 끓어오르면 애호박, 대파, 고추를 넣고 뚜껑을 열어 한소끔 끓이고,

7 손질한 새우, 오징어를 넣어 끓이고,

8 모시조개, 홍합을 넣고 한소끔 끓이다 미나리를 넣어 마무리.

TIP 미나리는 나중에 넣어야 향이 유지돼요.

the best recipe 6

'뜨끈한 국물을 마시니 속이 시원해진다~'는 말이 와 닿는 메뉴!
모시조개를 넣어 시원한 맛이 일품이에요.
면을 삶기 전에 면에 붙어 있는 밀가루나 전분을
잘 털어내고 사용해야 국물이 더욱 깔끔하답니다.

조개칼국수

READY | 2인분

필수 재료
모시조개(300g), 칼국수면(2덩어리), 애호박(½개), 양파(½개), 실파(4대), 불린 다시마(약간)

양념
청주(1큰술), 다진 마늘(1큰술), 국간장(1큰술)

RECIPE

1 끓는 물(4컵)에 해감한 모시조개와 청주(1큰술)를 넣은 뒤 조개 입이 벌어지면 불을 꺼 조개는 건져 내고,

2 애호박은 반달 모양으로 썰고, 양파는 채 썰고, 실파와 불린 다시마는 잘게 썰고,

3 조개육수에 칼국수면을 넣어 7분간 중간 불에서 삶고,

4 애호박, 양파, 실파, 불린 다시마, 다진 마늘(1큰술)을 넣어 끓이고,

5 국간장(1큰술)으로 간을 맞추고,

6 모시조개를 넣고 한소끔 끓여 마무리.

TIP 부족한 간은 소금으로 맞추세요.

북어 머리로 진한 맛을 낸 육수의 깊은 맛이 그대로 느껴지는 북엇국이에요.
참기름으로 달달 볶은 북어가 고소함을 더해요.
북엇국은 해장 메뉴뿐 아니라 가볍게 속을 달래주는 아침상 메뉴로도 좋아요.

북엇국

READY | 4인분

필수 재료
북어(2마리), 실파(3대), 달걀(1개)

육수 재료
북어 머리(2개), 양파(½개), 청주(1큰술)

양념
다진 마늘(1큰술), 참기름(1큰술),
소금(1작은술), 국간장(1큰술), 후춧가루(약간)

RECIPE

1 북어는 먹기 좋게 찢은 뒤 물에 살짝 적시고,

2 끓는 물(5컵)에 **육수 재료**를 넣고 10분 정도 중간 불로 끓이고,

3 달군 냄비에 다진 마늘(1큰술), 참기름(1큰술)을 넣어 향을 낸 뒤 손질한 북어를 중간 불로 볶고,

4 육수를 조금 넣고 국물이 없어질 때까지 볶는 과정을 3~4번 반복하다가 북어가 어느 정도 볶아지면 나머지 육수를 부어 끓이고,

TIP 국물을 부어가며 볶으면 참기름이 뜨지 않고 깊은 맛이 나요.

5 먹기 좋은 길이로 썬 실파를 넣고, 소금(1작은술), 국간장(1큰술), 후춧가루로 간을 하고,

TIP 끓이면서 생기는 거품은 걷어내요.

6 달걀을 풀어 넣어 마무리.

미역굴밥

칼슘과 무기질이 풍부한 미역과 쌀을 볶은 뒤 밥을 지으면 미역의 맛과 향이 그대로 유지돼요.
굴은 맨 위에 올려야 부서지지 않는답니다.
미역굴밥은 영양소가 고루 포함된 건강식으로, 간편하면서도 손쉽게 만들 수 있어요.

READY | 2인분

필수 재료
마른미역(10g), 쌀(2컵), 당근(½개), 다시마육수(2컵), 굴(100g)

양념
청주(1큰술), 간장(1큰술)

양념장
고춧가루(1큰술)+간장(2큰술)+다진 마늘(1큰술)+다진 대파(2큰술)+다진 풋고추(1큰술)+참기름(1작은술)+후춧가루(약간)+참깨(0.5큰술)

TIP 육수는 다시마에 끓는 물을 부어 우려내 다시마육수를 만드세요.

RECIPE

1 마른미역은 10분, 쌀은 30분 정도 찬물에 담가 불리고,

2 불린 미역은 잘게 썰고, 당근은 채 썰고,

3 냄비에 식용유(1큰술)를 두른 뒤 미역, 당근, 불린 쌀을 넣어 중간 불에서 볶고,

4 청주(1큰술), 간장(1큰술), 다시마육수(2컵)를 넣고 굴을 얹은 뒤 뚜껑을 덮어 끓이고,

5 김이 오르면 2분 정도 센 불에서 끓이다 약한 불로 줄여 10분 정도 뜸을 들인 뒤 **양념장**을 곁들여 마무리.

미역국

미역은 칼슘, 요오드, 미네랄이 풍부해 피를 맑게 하는 효과가 있어 산후조리에 좋아요.
미역 하면 떠오르는 대표메뉴는 바로 미역국이죠.
양지머리를 넣고 팔팔 끓인 미역국은 누구에게나 사랑받는 베스트 메뉴랍니다.

READY | 4인분

필수 재료
마른 미역(10g)

육수 재료
양지머리(200g), 대파(흰 부분, 1대), 마늘(3쪽)

양지머리 밑간
다진 마늘(1작은술), 소금(약간)

양념
참기름(1큰술), 다진 마늘(1큰술), 국간장(1큰술), 소금(약간)

RECIPE

1 끓는 물(10컵)에 **육수 재료**를 넣고 뚜껑을 덮어 중간 불로 끓이다 끓어오르면 약한 불로 줄여 1시간 정도 더 끓이고,

2 면포에 걸러내 육수(8컵)를 준비하고,

3 삶은 양지머리는 기름을 제거한 뒤 가늘게 찢어 다진 마늘(1작은술)과 소금으로 밑간하고,

4 냄비에 참기름(1큰술)을 두르고 다진 마늘(1큰술), 불린 미역을 넣어 중간 불로 볶고,

> TIP 미역은 찬물에 10분 정도 불려 사용해요.

5 양지머리육수($\frac{1}{2}$컵)를 3회에 나눠 조금씩 부어가며 볶고,

> TIP 미역국은 오래 끓일수록 국물이 더욱 맛있어요.

6 남은 육수를 붓고 약한 불로 줄여 끓이다 밑간한 양지머리를 넣고 국간장(1큰술), 소금으로 간을 해 마무리.

마른미역볶음

READY | 4인분

필수 재료
마른미역(40g)

양념
설탕(2큰술), 청주(1큰술),
물엿(1작은술), 참기름(1작은술),
참깨(1작은술)

POINT!
미역에도 다양한 종류가 있어요!

물미역(생미역)을 그대로 말리면 기장미역, 줄기를 떼고 데쳐서 말리면 가공미역, 소금에 절여 말리면 염장미역이라고 해요.

팬에 미역을 볶은 뒤 설탕과 버무려 달달한 반찬으로 즐겨보세요.
설탕이 덩어리지지 않도록 계속 저어주는 것이 맛의 포인트랍니다.
마른미역볶음은 상온에 보관해야 눅눅해지지 않아요.

RECIPE

1 마른미역은 3~4cm 길이로 자르고,

2 달군 팬에 식용유(4큰술)를 두르고 미역을 넣어 중간 불로 익히다 불을 끄고 잔열로 마저 볶고,

3 볶은 미역은 체에 밭쳐 기름을 빼고,

4 팬에 설탕(2큰술), 청주(1큰술), 물엿(1작은술)을 넣고 끓이다가 설탕이 녹으면 볶은 미역을 넣은 뒤 불을 끄고 참기름(1작은술), 참깨(1작은술)를 넣고 고루 섞어 마무리.

꼬시래기무침

READY | 4인분

필수 재료
꼬시래기(300g), 참깨(1작은술)

양념장
설탕(1큰술)+청주(1큰술)+다진 마늘(0.5큰술)+고추장(3큰술)+참기름(0.5큰술)

추운 겨울은 무기질과 식이섬유가 가득 들어 있는
다양한 해초들을 맛보기 가장 좋은 계절이에요.
면발처럼 생긴 꼬시래기는 해초류의 한 종류로 꼬들꼬들한 식감이 일품이랍니다.
생김새 때문에 '바다의 국수'라고도 불리기도 해요.

TIP 불을 끄고 해초를 넣어야 꼬들꼬들한 식감이 살아요.

RECIPE

1 꼬시래기는 찬물에 1시간 정도 담가 소금기를 뺀 뒤 끓는 물에 살짝 데치고,

2 **양념장**을 만들고,

3 달군 팬에 양념장을 부어 중간 불로 끓이다가 불을 끈 뒤 꼬시래기를 넣어 버무리고,

4 그릇에 담아 참깨(1작은술)를 뿌려 마무리.

파래는 한입 크기로 반죽하여 부치면 특유의 향긋함이 살아 있어요.
반죽할 때 우유를 넣어 부드러움을 가미했답니다.
조갯살을 넣어 쫄깃함까지 맛볼 수 있는데,
남은 새우나 굴이 있다면 잘게 다져 넣어도 좋아요.

파래부침

READY | 4인분

필수 재료
파래(200g), 조갯살(100g), 쪽파(5대),
풋고추(2개), 붉은고추(2개)

반죽 재료
달걀(2개), 소금(1작은술),
후춧가루(0.3작은술), 우유($\frac{1}{2}$컵), 밀가루(1컵)

초간장
설탕(0.5작은술)+간장(1큰술)+식초(1작은술)

RECIPE

TIP 파래는 불순물을 씻은 뒤 체에 받쳐 물기를 빼주세요.

1 파래는 잘게 썰고, 조갯살은 살세 다지고,

2 쪽파는 송송 썰고, 고추는 잘게 썰고,

3 밀가루를 제외한 **반죽 재료**를 고루 섞고,

4 파래, 조갯살, 쪽파, 고추를 넣어 섞은 뒤 밀가루를 넣어 반죽하고,

5 달군 팬에 식용유(2큰술)를 두른 뒤 반죽을 한입 크기로 얹어 중약 불에서 앞뒤로 노릇하게 지지고, **초간장**을 곁들여 마무리.

TIP 팬에 먼저 닿은 매끈한 부분이 위로 향하게 담으면 예뻐요.

홍합을 넣고 바글바글 끓여 시원하고 뽀얀 국물을 낸 홍합탕.
저렴하게 즐길 수 있는 데다 탱글탱글한 홍합살을 발라 먹는 재미도 있어요.
홍합은 늦겨울에서 초봄이 제철이며,
산란기인 5~9월에는 독이 있으니 먹지 않는 게 좋아요.

홍합탕

READY | 4인분

필수 재료
홍합살(200g), 무(⅓개), 실파(2대), 붉은고추(½개)

양념
청주(1큰술), 참기름(0.5큰술), 다진 마늘(0.5큰술), 소금(약간)

RECIPE

TIP 홍합살은 오래 익힐수록 질겨지고 맛이 없어져요.

1 끓는 물(4컵)에 홍합살, 청주(1큰술)를 넣어 살짝 데치고,

2 데친 홍합살은 걷어내고 육수는 면포에 거르고,

3 무는 나박 썰고, 실파는 3cm 길이로 썰고, 붉은고추는 채 썰고,

TIP 미리 간을 하면 무가 잘 안 익어요.

4 냄비에 참기름(0.5큰술), 다진 마늘(0.5큰술), 무를 넣고 중간 불로 볶다가 수분이 사라지면 걸러둔 육수를 조금씩 넣어가며 무가 투명해질 때까지 볶고,

5 남은 육수를 붓고 뚜껑을 덮어 무가 익을 때까지 5분 정도 끓이고,

6 홍합살, 실파, 붉은고추를 넣어 한소끔 끓이고 소금으로 간을 맞춰 마무리.

TIP 밑국물을 조금씩 넣어 볶으면 기름이 뜨지 않고 무의 시원한 맛도 잘 우러나요.

명란과 곤이를 가득 넣어 끓인 알탕.
입안에서 착 감기는 이 맛을 아는 사람들은 최고의 술안주로 단연 알탕을 꼽죠.
명태의 알인 명란은 주로 젓갈로 만들어 먹는 것이 대부분이지만, 탕으로 끓여도 좋아요.

알탕

READY | 4인분

필수 재료
명란(150g), 곤이(150g), 무(⅓개), 양파(½개), 대파(½대), 미나리(20g), 쑥갓(30g)

육수 재료
가다랑어포(10g)

양념
고춧가루(1큰술), 다진 마늘(1작은술), 고추장(1큰술), 후춧가루(약간), 소금(약간)

RECIPE

1 끓는 물(2컵)에 가다랑어포를 넣고 불을 끈 뒤 식을 때까지 우려내 육수를 만들고,

2 명란, 곤이는 적당한 크기로 잘라 소금물에 씻어 물기를 빼고,

TIP 미나리와 쑥갓을 넣으면 특유의 비린내를 잡아주기 때문에 더욱 맛있어요.

3 무는 나박 썰고, 양파, 대파, 미나리는 한입 크기로 썰고, 쑥갓은 적당한 크기로 자르고,

4 가다랑어포육수(2컵)에 무를 넣고 익을 때까지 중간 불로 끓이다 명란, 곤이를 넣고,

5 고춧가루(1큰술), 다진 마늘(1작은술), 고추장(1큰술), 후춧가루, 양파, 대파를 넣어 끓이고,

TIP 거품을 걷어내면 국물이 깔끔해져요.

6 미나리, 쑥갓을 넣고 소금으로 간을 맞춰 마무리.

명란젓찌개

탱글탱글한 명란젓과 고소한 소고기가 어우러진 찌개예요.
영양이 가득 들어 있는 활력 메뉴로 건강까지 챙길 수 있어요.
매일 먹는 찌개가 식상해졌을 때, 명란젓찌개로 특별한 식탁을 차려보세요.

READY | 4인분

필수 재료
명란젓(100g), 두부(1모),
다진 소고기(우둔살, 80g), 대파(½대),
풋고추(1개), 붉은고추(½개)

소고기 밑간
다진 마늘(2작은술), 참기름(2작은술),
후춧가루(약간)

RECIPE

1 명란젓은 한입 크기로 썰고, 두부는 깍둑 썰고,

2 다진 소고기는 **밑간**에 버무리고, 대파, 고추는 한입 크기로 썰고,

3 달군 냄비에 식용유(1큰술)를 두른 뒤 밑간한 소고기를 중간 불로 볶다가 끓는 물(2컵)과 명란젓을 넣어 끓이고,

TIP 끓는 물을 넣어야 고기 냄새도 나지 않고 명란젓의 감칠맛이 잘 우러나요.

4 끓어오르면 두부를 넣고 한 번 더 끓이고,

5 대파, 고추를 넣고 끓여 마무리.

the best recipe 6

↑ P178
→ P158

CHAPTER 4 | **최고의 채소 요리**

→ P170
→ P182

채소 요리는 만드는 방법이 간편해요.
맛과 영양을 모두 챙길 수 있으면서도 후다닥 만들 수 있기 때문에
바쁜 아침 시간에 만들어도 좋고, 주말에 후다닥 만들어 두고두고 먹어도 참 좋아요.
보기만 해도 건강해지는 레시피를 지금부터 알려드릴게요.

감자빈대떡

READY | 2인분

필수 재료
애호박(½개), 풋고추(1개), 붉은고추(1개), 대파(1대), 감자(2개), 양파(½개)

양념
소금(0.5큰술), 다진 마늘(1큰술), 참기름(1작은술)

초간장
설탕(0.5작은술)+식초(1작은술)+간장(1큰술)

감자와 양파를 함께 갈아 만든 쫄깃쫄깃 찰지면서도 고소한 감자빈대떡이에요.
고추를 썰어 넣어 알록달록 색감도 예뻐요.
감자빈대떡을 부칠 때는 기름을 충분히 사용해야 더욱 부드러운 감자의 식감을 즐길 수 있어요.

RECIPE

Tip 감자와 양파를 번갈아가며 갈면 감자전분과 공기의 접촉이 줄어 쉽게 갈변하지 않아요.

1 애호박은 채 썰고 고추와 대파는 잘게 썰고,

2 감자, 양파를 강판에 갈고 체에 밭쳐 걸러진 채소물은 그대로 두었다가 윗물은 따라내고 가라앉은 전분은 간 감자와 양파에 넣어 섞고,

3 손질한 채소, 소금(0.5큰술), 다진 마늘(1큰술), 참기름(1작은술)을 섞어 반죽을 만들고,

4 팬에 식용유(2큰술)를 두른 뒤 반죽을 한입 크기로 얹어 약한 불에서 노릇하게 지지고, **초간장**을 곁들여 마무리.

알감자조림

READY | 4인분

필수 재료
알감자(500g)

조림장
다시마육수(1½컵), 설탕(3큰술), 간장(3큰술), 맛술(2큰술)

양념
참기름(1작은술), 참깨(1작은술)

TIP 끓는 물에 다시마를 넣고 불을 꺼 육수를 우려내요.

알감자를 조려 윤기가 자르르 흐르는 쫀득하면서도 부드러운 밑반찬으로 만들었어요. 따뜻할 때 먹어도 맛있지만 냉장 보관해 차게 먹어도 맛있으니 넉넉하게 만들어 두고두고 먹어요.

RECIPE

TIP 넓은 팬에 알감자가 겹치지 않게 조려야 간이 고루 잘 배요.

TIP 종이포일을 사용하면 수증기는 날아가고 열기는 모아져 알감자가 부서지지 않아요.

1 팬에 **조림장** 재료를 넣고 중간 불로 끓이고,

2 조림장이 끓기 시작하면 알감자를 넣고,

3 종이포일을 덮은 뒤 거품이 오를 때까지 조리고,

4 다 조려지면 참기름(1작은술)을 넣은 뒤 참깨(1작은술)를 뿌려 마무리.

애호박 새우젓볶음

애호박과 새우젓은 궁합이 잘 맞는 재료예요.
살캉살캉한 애호박에 새우젓으로 간을 하여 볶으면 감칠맛이 나요.
맛뿐만 아니라 부족한 영양을 서로 보충해주니 건강까지 챙길 수 있는 밑반찬으로 손색없죠.

READY | 4인분

필수 재료
애호박(1개), 풋고추(1개), 붉은고추($\frac{1}{2}$개), 쪽파(3대), 조갯살(80g)

양념
새우젓(2큰술), 참기름(0.5큰술), 다진 마늘(0.5큰술), 참깨(1작은술)

RECIPE

1. 애호박은 반달 썰고, 고추는 작게 썰고, 쪽파는 3cm 길이로 썰고,

2. 조갯살은 소금물에 씻고,

3. 새우젓(2큰술)은 곱게 다져 물(2큰술)을 섞은 뒤 체에 밭쳐 국물을 거르고,

4. 참기름(0.5큰술)을 두른 달군 냄비에 다진 마늘(0.5큰술), 애호박, 조갯살을 넣어 중간 불로 볶고,

5. 거른 새우젓 국물을 넣고 볶다가 뚜껑을 닫아 3분 정도 익히고,

6. 고추, 쪽파를 넣고 볶은 뒤 참깨(1작은술)를 뿌려 마무리.

단호박은 비타민, 무기질 등 영양이 풍부하게 들어 있어 면역력 강화에 좋아요.
단호박전을 한입 베어 물면 단호박이 가진 달콤한 맛이 그대로 전해지면서
입안에서 살살 녹는답니다. 초간장을 곁들이면 더욱 맛있어요.

단호박전

READY | 2인분

필수 재료
단호박($\frac{1}{5}$개), 양파($\frac{1}{2}$개), 피망($\frac{1}{2}$개), 두부($\frac{1}{2}$모)

반죽 재료
밀가루(3큰술), 소금(1작은술), 달걀(2개), 다진 마늘(0.5큰술), 참기름(1작은술)

초간장
설탕(0.5작은술)+식초(1작은술)+간장(1큰술)

RECIPE

1 단호박은 껍질을 벗겨 강판에 곱게 갈고,

2 양파와 피망은 잘게 썰고, 두부는 칼등으로 곱게 으깨고,

3 단호박, 양파, 피망, 두부를 고루 섞고,

4 **반죽 재료**를 섞어 반죽하고,

TIP 숟가락에 식용유를 묻히고 반죽을 떼어내면 깔끔해요.

5 달군 팬에 식용유(2큰술)를 두르고 둥글납작한 모양으로 반죽을 얹은 뒤 중약 불에서 앞뒤로 노릇노릇하게 지지고,

6 그릇에 담고 **초간장**을 곁들여 마무리.

호박죽

호박죽을 끓일 때 늙은 호박과 단호박을 같은 양으로 넣어주면
늙은 호박의 깊은 맛과 단호박의 단맛이 어우려져 아주 맛있어요.
스트레스를 받는 날, 달달한 호박죽 한 숟가락 먹으면
기분이 절로 좋아질 거예요.

READY | 4인분

필수 재료
늙은 호박($\frac{1}{2}$개), 단호박($\frac{1}{2}$개),
찹쌀가루(2컵), 검은깨(1작은술)

양념
소금(1작은술)

RECIPE

1 늙은 호박과 단호박은 껍질을 벗긴 뒤 씨를 빼 얇게 썰고,

2 끓는 물(5컵)에 호박을 넣어 20분간 중간 불로 삶고,

3 삶은 호박은 믹서에 간 뒤 다시 냄비에 담아 중간 불로 끓이고,

TIP 호박죽의 농도가 묽어지고 찹쌀물이 투명해지면 완성이에요.

4 미지근한 물(1컵)에 찹쌀가루를 잘 풀어 찹쌀물을 준비하고,

5 찹쌀물을 넣은 뒤 저어가며 약한 불로 줄여 10분 정도 끓이고,

6 소금(1작은술)으로 간을 해 그릇에 담은 뒤 깨를 올려 마무리.

the best recipe 6

고구마맛탕

고구마를 색다르게 즐기고 싶다면
고구마맛탕을 만들어보세요. 달콤한 그 맛에
푹 빠지게 될 거예요. 설탕을 녹인 뒤
물을 살짝 넣고 고구마를 버무리면
딱딱해지지 않아요.

READY | 4인분

필수 재료
고구마(4개), 검은깨(1작은술)

양념
설탕(3큰술)

RECIPE

1 고구마는 각이 시도록 큼직하게 썰고,

2 180℃로 달군 식용유에 고구마를 넣어 노릇하게 튀기고,

3 팬에 식용유(1큰술)와 설탕(3큰술)을 넣고 갈색이 날 때까지 센 불에서 녹이고,

4 설탕이 다 녹으면 불을 끈 뒤 물(1큰술)을 넣고 튀긴 고구마를 넣어 섞고,

5 검은깨(1작은술)를 뿌려 마무리.

> TIP 고구마 대신 단호박, 야콘, 바나나로 만들어도 좋아요.

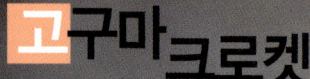

고구마크로켓

고구마의 무한 변신! 식이섬유와 비타민이 풍부한 고구마를 으깬 뒤 한입 크기로 동글동글하게 반죽하여 튀기면 바삭바삭하면서도 보드라운 크로켓이 돼요. 이때는 밤고구마를 사용해야 반죽이 질지 않답니다.

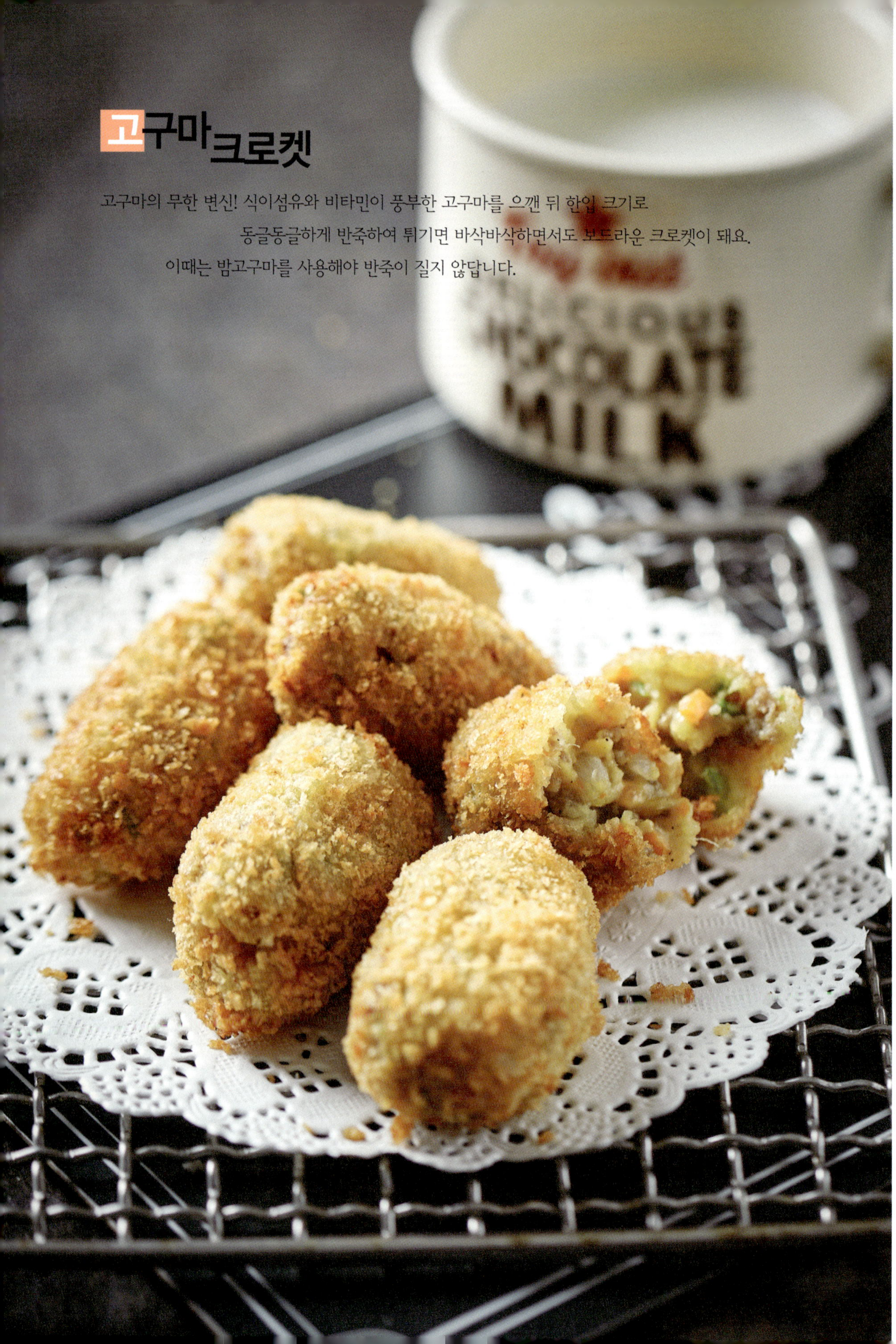

RECIPE

> 밀가루를 묻히면 치즈가 들러 붙지 않아요.

READY | 4인분

필수 재료
치즈(2장), 밀가루(약간+½컵), 고구마(3개), 양파(½개), 다진 소고기(80g), 당근(¼개), 피망(½개), 달걀(1개), 빵가루(2컵)

양념
다진 마늘(1작은술), 후춧가루(약간), 소금(1작은술)

1 치즈는 밀가루를 묻혀 곱게 다지고,

2 고구마는 껍질을 벗겨 찜통에 15분 정도 쪄 으깨고,

3 달군 팬에 식용유(1큰술)를 두른 뒤 다진 마늘(1작은술), 다진 양파를 넣고 중간 불로 볶다가 다진 소고기를 넣어 후춧가루로 간을 하고,

4 소고기가 익으면 당근과 피망을 다져 넣은 뒤 소금(1작은술)을 넣고,

5 으깬 고구마에 볶은 재료와 치즈를 넣고 섞어 타원형으로 반죽을 빚고,

6 반죽에 밀가루 → 달걀물 → 빵가루를 묻히고,

7 170℃로 달군 식용유에 반죽을 넣고 노릇하게 튀겨 마무리.

통도라지구이

사포닌이 풍부한 도라지는 굵기가 굵으면서 곧고 매끈한 게 좋아요.
쌉싸름한 도라지에 꿀과 설탕을 발라 쓴맛을 줄이고 단맛을 더하면 별미반찬이 돼요.
석쇠에 구워도 맛있지만 집에서는 간편하게 팬에 올려 은근한 불에 구워도 좋아요.

READY | 4인분

필수 재료
도라지(150g)

양념
꿀(1큰술)

양념장
설탕(1작은술)+고운 고춧가루(1작은술)+간장(1큰술)+다진 마늘(1작은술)+참기름(1작은술)+참깨(1작은술)

RECIPE

1 도라지는 껍질을 벗겨 5cm 길이로 썰어 칼집을 넣은 뒤 면포를 덮어 방망이로 두드리고,

2 소금물에 도라지를 바락바락 씻어 물기를 빼고,

3 꿀(1큰술)에 버무려 5~10분 정도 재우고,

4 **양념장**을 도라지에 고루 버무리고,

5 약한 불에 구워 마무리.

도라지오이생채

쌉쌀한 도라지와 수분이 가득 들어 있는 아삭한 오이를 새콤매콤하게 버무렸어요.
도라지는 기관지, 호흡기에 좋은 재료로 잘 알려져 있죠.
미세먼지나 황사가 심한 날이나 환절기에 꼭 챙겨 드세요.

READY | 4인분

필수 재료
도라지(150g), 오이(1개)

양념
소금(약간), 올리고당(2큰술)

양념장
고운 고춧가루(1큰술)+식초(2큰술)+
다진 마늘(0.5큰술)+고추장(2큰술)+
참깨(1작은술)

RECIPE

1 도라지는 껍질을 벗겨 5cm 길이로 가늘게 썰고,

2 소금을 넣고 주물러 아린 맛을 빼고 찬물로 헹군 뒤 물기를 제거하고,

3 올리고당(2큰술)에 10분 정도 재우고,

4 오이는 어슷 썰어 소금에 10분 정도 절인 뒤 씨가 뭉그러지지 않게 물기를 짜고,

5 **양념장**에 도라지, 오이를 넣고 조물조물 무쳐 마무리.

더덕생채

READY | 4인분

필수 재료
더덕(150g)

양념장
고춧가루(1큰술)+식초(2큰술)+
다진 마늘(0.5큰술)+
고추장(2큰술)+참깨(1작은술)

양념
꿀(2큰술)

굽는 대신 매콤한 양념장과 버무려 생채로 만드니 더덕의 향기가 더욱 진하게 느껴지네요. 아작아작하게 씹히는 맛도 일품이고요. 요즘은 깨끗하게 손질된 더덕도 많아 더욱 쉽고 간단하게 만들 수 있어요.

RECIPE

1 **양념장**을 만들고,

2 더덕은 껍질을 벗기고 얇게 편 썰어 방망이로 두드린 뒤 결대로 찢고,

3 더덕에 꿀(2큰술)을 넣어 10분 정도 재우고,

4 더덕에 양념장을 골고루 무쳐 마무리.

꽈리고추무침

READY | 4인분

필수 재료
꽈리고추(150g), 밀가루(4큰술)

양념
설탕(0.5큰술), 고춧가루(1큰술),
간장(2큰술), 다진 파(1큰술),
다진 마늘(1큰술), 참기름(1작은술)
깨소금(1작은술)

꽈리고추는 단단할수록 맵고 부드러울수록 덜 매워요.
취향에 맞는 꽈리고추를 골라 찜통에 쪄서 간간한 양념에 무쳐 드셔보세요.
쪄낸 꽈리고추는 한 김 식힌 뒤 무쳐야 모양도 흐트러지지 않고, 양념도 잘 밴답니다.

RECIPE

TIP 밀가루를 묻히면 양념이 고루 배요.

TIP 면포로 감싼 뒤 쪄야 꽈리고추에 수증기가 바로 떨어지지 않아요.

1 꽈리고추는 먹기 좋게 반으로 자른 뒤 밀가루를 고루 묻히고,

2 젖은 면포로 감싸 김이 오른 찜통에 넣어 3분 정도 찌고,

3 찐 꽈리고추는 접시에 펼쳐 한 김 식히고,

4 **양념**을 고루 버무려 마무리.

노각생채

READY | 4인분

필수 재료
노각(1개)

양념
소금(1큰술)

양념장
설탕(1큰술)+식초(1큰술)+
다진 마늘(1작은술)+다진 대파(1큰술)+
고추장(2큰술)+참깨(1작은술)

너무 두껍지 않고 살짝 푸른빛이 돌며 단단한 노각이 신선하고 맛있어요.
노각의 씨는 수분이 많고 물컹물컹해 식감과 맛을 떨어뜨리니 제거하는 게 좋아요.
아삭한 노각을 새콤하게 무쳐 밥에 비벼 먹으면 밥 한 그릇 뚝딱!

RECIPE

TIP 절인 노각은 물기를 꼭 짜야 아작아작해요.

TIP 4시간 정도 냉장 보관한 뒤 한 번 더 물기를 짜면 맛과 식감이 더욱 좋아져요.

1 양념장을 만들고,

2 노각은 껍질을 벗긴 뒤 씨를 제거해 길게 채 썰고,

3 소금(1큰술)에 버무려 20분 정도 절인 뒤 물기를 꼭 짜고,

4 생채와 준비한 양념장을 고루 버무려 마무리.

우엉연근 초절임

READY | 4인분

필수 재료
우엉(½개), 연근(½개)

육수 재료
다시마(10cm×10cm=1장)

양념장
다시마육수(2큰술)+소금(1작은술)+설탕(2큰술)+식초(3큰술)+유자청(1큰술)

우엉과 연근은 간장에 조려 짭조름한 밑반찬으로 먹는 것이 흔하지만, 데쳐서 새콤달콤한 양념장에 버무리면 아삭아삭하니 씹히는 맛이 살아 있는 초절임으로 즐길 수 있어요. 상큼한 유자의 향이 감돌아 입안을 깔끔하게 정돈해줘요.

Tip 다시마육수는 다시마를 뜨거운 물(3컵)에 담가 5~10분 정도 우려서 만들어요. 이때 사용한 다시마를 채 썰어 사용하세요.

RECIPE

1 우엉, 연근은 어슷 썬 뒤, 끓는 물에 넣어 가운데에 거품이 올라올 때까지 중간 불로 삶고,

2 다시마육수를 만든 뒤 불린 다시마는 먹기 좋게 채 썰고,

3 삶은 우엉과 연근은 얼음물에 넣어 식히고,

4 물기 뺀 우엉, 연근, 다시마를 **양념장**에 버무려 1시간 정도 재워 마무리.

the best recipe 6

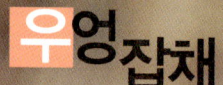우엉잡채

당면 대신 대표적인 저열량 식품으로 꼽히는 우엉을 채 썰어 잡채로 만들면 담백해요.
우엉은 식이섬유소와 신장 기능을 향상시키는 이눌린이 풍부해 다이어트는 물론 변비에도 도움이 된답니다.

READY | 4인분

필수 재료
우엉(1개), 양파(½개), 피망(½개),
표고버섯(1장), 붉은고추(½개)

표고버섯 양념
설탕(0.5작은술), 간장(1큰술),
다진 마늘(1작은술), 후춧가루(약간)

양념
소금(약간), 참기름(1작은술),
참깨(1작은술)

RECIPE

Tip 우엉을 찬물에 담가두면 갈변을 막고 떫은맛이 빠져요.

1 우엉은 가늘게 채 썰어 찬물에 10분 정도 담갔다가 꺼내 체에 밭쳐 물기를 빼고,

2 양파, 피망, 불린 표고버섯은 가늘게 채 썰고,

3 표고버섯은 **표고버섯 양념**에 버무리고,

4 달군 팬에 식용유(1큰술)를 두르고 표고버섯을 중간 불로 볶고,

5 우엉, 양파를 넣어 볶다가 소금으로 간을 맞추고,

6 피망, 붉은고추를 넣어 볶은 뒤 참기름(1작은술), 참깨(1작은술)를 뿌려 마무리.

달래굴파전

달래의 진한 향과 바다 내음이 물씬 나는 굴이 만나 맛깔나는 전으로 변신했네요.
잘게 썬 파와 고추로 색감까지 더하니 보기에도 참 먹음직스러워요.
출출한 주말 오후, 온가족이 모였을 때 이만한 메뉴가 없을 거예요.

READY | 4인분

필수 재료
달래(100g), 쪽파(5대), 풋고추(1개),
붉은고추(1개), 굴(100g)

반죽 재료
달걀(1개), 물(약간), 소금(1작은술), 밀가루(1컵)

초간장
설탕(0.5작은술)+식초(1작은술)+간장(1큰술)

RECIPE

TIP 달래는 뿌리 부분의 까만 돌기를 떼어내고 사용해요.

1 달래와 쪽파는 잘게 썰고, 고추는 잘게 채 썰고,

TIP 손에 소금을 묻혀 굴을 문질러가면서 살살 비벼 손질하세요.

2 굴을 손질해 물에 헹군 다음 체에 밭쳐 물기를 빼고,

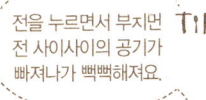

3 볼에 달걀, 물, 소금(1작은술)을 넣어 섞고,

4 달래, 쪽파, 채 썬 고추, 굴을 넣고 섞다가 밀가루(1컵)를 넣은 뒤 버무리고,

TIP 전을 누르면서 부치면 전 사이사이의 공기가 빠져나가 뻑뻑해져요.

5 달군 팬에 식용유(2큰술)를 두르고 반죽을 떼어내어 뒤집어가며 중간 불로 구운 뒤 **초간장**과 곁들여 마무리.

건새우 아욱국

가을 아욱국은 문 닫아 걸고 먹는다는 말이 있을 정도로 맛이 좋아요.
아욱 줄기의 억센 껍질을 제거해 녹색물이 나올 때까지 바락바락
주물러 씻은 뒤 끓여야 그 맛을 제대로 살릴 수 있어요.
아욱국은 오래 끓일수록 구수해지니 푹 끓여주세요.

READY | 4인분

필수 재료
아욱(300g), 건새우(50g), 쌀뜨물(5컵), 실파(3대)

양념
된장(3큰술), 고춧가루(1작은술), 다진 마늘(1작은술)

RECIPE

1 아욱은 물에 담가 주물러 헹군 뒤 물기를 제거하여 한입 크기로 썰고,

2 건새우는 방망이로 찧은 뒤 부스러기를 제거하고,

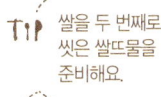

TIP 쌀을 두 번째로 씻은 쌀뜨물을 준비해요.

3 된장(3큰술)을 체에 받쳐 쌀뜨물(5컵)에 고루 풀고,

4 고춧가루(1작은술), 다진 마늘(1작은술), 건새우를 넣은 뒤 중간 불로 끓이고,

5 아욱을 넣어 10분 정도 끓이고,

TIP 기호에 따라 소금으로 간을 해요.

6 한입 크기로 썬 실파를 넣어 마무리.

근대밥

근대는 섬유소와 비타민 A가 풍부해 피부미용에 효과적이에요.
주로 국으로 끓여 먹는데, 적당한 크기로 썰어 밥으로 지어 양념장과 곁들이면 별미랍니다.
동글동글한 주먹밥으로 만들어도 좋아요.

> TIP 다시마에 끓는 물을 부어 우려내 사용하세요.

READY | 4인분

필수 재료
쌀(2컵), 근대(200g), 다시마육수(2컵)

양념장
부추(20g)+고춧가루(1큰술)+간장(2큰술)+
참기름(1작은술)+후춧가루(약간)+
참깨(1작은술)

양념
소금(0.5작은술), 청주(1큰술)

RECIPE

> TIP 찬물에 쌀을 30분 정도 불린 뒤 체에 밭쳐 물기를 빼주세요.

1 쌀을 30분 동안 불리고,

2 근대는 줄기의 억센 껍질을 제거한 뒤 먹기 좋은 크기로 썰고,

3 냄비에 식용유(1큰술)를 두른 뒤 근대를 넣어 살짝 볶고,

> TIP 부추 대신 달래 또는 실파를 사용해도 좋아요.

4 불린 쌀과 소금(0.5작은술)을 넣어 중간 불로 볶고,

5 청주(1큰술), 다시마육수(2컵)를 붓고 센 불에서 끓이다 김이 나면 2~3분 뒤에 약한 불로 줄여 10분 정도 뜸을 들이고,

6 부추를 잘게 썬 뒤 나머지 **양념장 재료**를 넣고 섞어 근대밥과 곁들여 마무리.

the best recipe 6

단단하고 단맛이 강한 겨울무로 만든 초절임은 소화에도 탁월한 효과가 있어요.
기름진 음식을 먹을 때 곁들이면 맛의 밸런스를 깔끔하게 잡아주죠.
알싸한 매운맛을 더하기 위해 청양고추를 넣었더니 우리 입맛에 안성맞춤이에요.

무초절임

READY | 4인분

필수 재료
무(1개), 청양고추(3개)

절임물
소금(2큰술), 설탕($\frac{1}{2}$컵), 식초($\frac{1}{2}$컵)

RECIPE

1 무는 막대 모양으로 썰고,

2 청양고추는 무와 비슷한 길이로 썰고,

3 냄비에 물(1컵), 소금(2큰술), 설탕($\frac{1}{2}$컵)을 넣고 녹을 때까지 중간 불로 끓인 뒤 식초($\frac{1}{2}$컵)를 넣고 불을 꺼 식히고,

4 손질한 무, 청양고추를 담고 식혀둔 절임물을 부은 뒤 바로 냉장 보관하고,

5 하루 정도 숙성시킨 뒤 그릇에 담아 마무리.

양파장아찌

느끼한 음식이나 고기 요리를 먹을 때 하나씩 집어먹으면
입안을 개운하게 만들어주는 양파장아찌예요.
햇양파가 나오는 5월에 크기가 작고 단단한 양파를 골라
넉넉하게 만들어두면 든든한 매일 반찬이 돼요.

READY | 8인분

필수 재료
양파(2kg)

절임장
소금(3큰술), 설탕($\frac{1}{2}$컵), 간장(1컵), 마른고추(3개), 식초(1컵)

RECIPE

1 양파는 껍질을 벗기고,

2 냄비에 물(2컵)과 소금(3큰술), 설탕($\frac{1}{2}$컵), 간장(1컵), 마른고추를 넣어 중간 불로 끓이고,

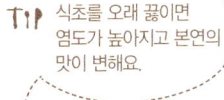

TIP 식초를 오래 끓이면 염도가 높아지고 본연의 맛이 변해요.

3 국물을 걸러낸 뒤 식초(1컵)를 부어 식히고,

4 양파에 식힌 절임장을 붓고,

TIP 양파가 무르지 않게 끓인 국물은 반드시 식힌 뒤에 부어요.

TIP 통에 담아 숙성하세요.

5 상온에서 일주일 정도 숙성시킨 뒤 냉장 보관하고,

6 먹기 좋은 크기로 썰어 그릇에 담아 마무리.

the best recipe 6

오이장아찌

장아찌 같은 절임류를 만들 때는 표면에 돌기가 없고, 옅은 연둣빛을 띠는 백다다기오이를 사용하는 게 좋아요. 백오이 또는 조선오이라고도 불리죠.

매운 음식, 느끼한 음식 그 어떤 것과 곁들여도 잘 어울리는 시원하고 새콤한 장아찌예요.

READY | 8인분

필수 재료
오이(5개), 양파(½개),
붉은고추(1개), 풋고추(1개)

절임장
소금(1큰술), 설탕(5큰술),
간장(½컵), 식초(5큰술)

RECIPE

Tip 오이는 너무 굵지 않은 것이 좋아요.

1 오이는 소금에 문질러 씻은 뒤 5cm 길이로 썰고,

2 세로로 4등분해 씨를 도려내고,

3 양파는 굵게 채 썰고, 고추는 어슷 썰고,

4 냄비에 물(1컵)과 소금(1큰술), 설탕(5큰술), 간장(½컵)을 넣은 뒤 중간 불로 끓이다가 식초(5큰술)를 넣고 불을 끄고,

5 오이, 양파, 고추에 뜨거운 상태의 절임장을 부어 식힌 뒤 하루 정도 냉장 보관해 마무리.

Tip 뜨거울 때 절임장을 부어야 아삭하고 맛이 좋아요.

Tip 통에 담아 냉장 보관하세요.

오이미역냉국

READY | 4인분

필수 재료
오이(1개), 마른 미역(10g)

양념
고춧가루(0.5큰술), 국간장(1큰술),
다진 마늘(1큰술), 참깨(1작은술)

냉국물
물(4컵), 소금(0.5큰술), 설탕(1큰술),
식초(4큰술), 국간장(1큰술),
얼음(적당량)

여름철 찌는 듯한 무더위를 한방에 날려버릴 오이미역냉국이에요.
스트레스가 쌓인 날, 후루룩 먹으면 속이 시원해지면서 기분까지 좋아지는
새콤달콤한 맛이 별미죠. 얼음까지 동동 띄워주면 시원함은 더욱 업그레이드!

RECIPE

1 오이는 얇게 어슷 썰어 채 썰고,

2 미역은 불린 뒤 적당한 크기로 썰어 물기를 꼭 짜고 **양념**을 무치고,

3 **냉국물**을 차게 준비하고,

4 오이와 양념한 미역을 그릇에 담고 냉국물을 부어 마무리.

쌈배추겉절이

READY | 4인분

필수 재료
쌈배추(500g), 실파(5대)

쌈배추 절이는 재료
물(3컵), 소금($\frac{1}{2}$컵)

양념
소금(1작은술), 설탕(1큰술), 고춧가루(3큰술), 물(3큰술), 간장(1큰술), 멸치액젓(0.5큰술), 생강즙(1작은술), 다진 마늘(0.5큰술), 참깨(1작은술), 참기름(0.5작은술)

쌈배추는 잎이 연하고 부드러워 숙성되지 않은 상태에서 바로 먹어도 부담이 없고 고소하답니다. 결대로 길쭉하게 찢은 배추에 양념장을 후다닥 버무려 쉽고 간편하게 만들어보세요.

RECIPE

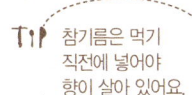
참기름은 먹기 직전에 넣어야 향이 살아 있어요.

1 물(3컵)에 소금($\frac{1}{2}$컵)을 섞은 뒤 밑동을 자른 쌈배추를 넣어 1시간 정도 절이고 물에 씻어내어 결대로 찢고,

2 실파는 먹기 좋은 크기로 썰고,

3 참기름을 제외한 **양념**을 모두 섞고,

4 쌈배추, 실파를 양념에 버무린 뒤 참기름(0.5작은술)을 넣어 마무리.

콩나물국

알코올 분해를 돕는 아스파라긴과 수분이 가득 함유되어 있어 숙취 해소에 좋은 콩나물!
국으로 끓이면 최고의 해장국이 돼요.
다시마육수로 깊은 맛을 더한 깔끔하고 시원한 국물 한입 먹으면 속이 확 풀릴 거예요.

READY | 4인분

필수 재료
콩나물(250g), 붉은고추($\frac{1}{2}$개), 실파(2대)

육수 재료
다시마(5×10cm=1장)

양념
소금(1큰술), 다진 마늘(0.5큰술)

RECIPE

TIP 콩나물은 통통하면서 길이가 13cm 이하인 것으로 준비해요.

1 콩나물은 꼬리를 다듬고,

2 붉은고추는 채 썰고, 실파는 한입 크기로 썰고,

3 끓는 물(5컵)에 다시마를 넣은 뒤 불을 끄고 5~10분 정도 우려내 육수를 만들고, 다시마는 건져 채 썰고,

TIP 콩나물이 잠길 정도로 육수를 넣어요.

4 냄비에 다시마육수(5컵)를 부은 뒤 센 불로 끓이다 콩나물을 넣고 뚜껑을 덮어 한소끔 끓이고,

5 소금(1큰술), 다진 마늘(0.5큰술)을 넣은 뒤 붉은고추, 실파, 채 썬 다시마를 넣고 중간 불로 끓여 마무리.

피망잡채

매운맛과 단맛을 동시에 가지고 있는 피망을 메인재료로 사용한 잡채는 별미요리예요.
각각의 재료 크기를 비슷하게 썰어 넣으면 보기에도 좋고, 먹기에도 편해요.
꽃빵을 곁들이면 푸짐한 일품요리로도 손색없답니다.

READY | 4인분

필수 재료
피망(2개), 통조림 죽순(30g), 목이버섯(30g), 돼지고기(100g)

돼지고기 밑간
청주(1작은술), 간장(1작은술), 녹말가루(1큰술), 설탕(약간), 후춧가루(약간), 생강가루(약간)

양념
간장(1작은술), 다진 마늘(1작은술), 소금(1작은술), 참기름(1작은술)

RECIPE

> TIP 피망은 길이가 짧고 단단한 것으로 준비하고, 통조림 죽순은 물에 한 번 씻어 사용하세요.

> TIP 약한 불에서 젓가락으로 저어가며 볶아야 돼지고기가 엉키지도 않고 연해요.

1 피망, 죽순은 먹기 좋은 크기로 채 썰고, 불린 목이버섯은 적당한 크기로 자르고,

2 돼지고기는 채 썰어 **밑간**에 버무리고,

3 달군 팬에 식용유(1큰술)를 두르고 밑간한 돼지고기를 약한 불에서 볶고,

4 죽순, 불린 목이버섯을 넣고 볶다가 간장(1작은술), 다진 마늘(1작은술)을 넣어 볶고,

5 피망을 넣고 센 불에서 볶다가 소금(1작은술), 참기름(1작은술)을 넣어 마무리.

the best recipe 6

얼갈이배춧국

얼갈이배춧국을 끓일 때는 반드시 한 번 데친 다음 충분히 식힌 얼갈이배추를 사용해야 질기지 않고 보들보들하답니다. 된장과 고추장을 곱게 풀어 넣어 뭉근하게 익히면 구수하면서도 칼칼한 국물맛이 일품이에요.

READY | 4인분

필수 재료
얼갈이배추(300g), 쪽파(3대)

육수 재료
멸치(12마리), 마른고추(1개)

양념
된장(3큰술), 고추장(1작은술), 다진 마늘(1큰술)

RECIPE

1 얼갈이배추는 두꺼운 줄기부터 넣어 데친 뒤 찬물에 10분 정도 담갔다 꺼내고,

TIP 얼갈이배추는 소금물에 데쳐주세요.

2 먹기 좋은 크기로 썰고,

3 멸치는 머리와 내장을 제거해 마른 팬에 약한 불로 볶고,

TIP 멸치를 마른 팬에 볶아주면 비린내와 불순물을 제거할 수 있어요.

4 냄비에 물(7컵)과 볶은 멸치, 마른고추를 넣어 10분 정도 끓인 뒤, 건더기를 건져 육수를 준비하고,

5 다른 냄비에 육수(6컵)를 붓고 된장(3큰술), 고추장(1작은술)을 체에 밭쳐 풀어 넣은 뒤 중간 불로 끓이고,

6 얼갈이배추, 짧게 썬 쪽파, 다진 마늘(1큰술)을 넣은 뒤 뚜껑을 덮고 끓여 마무리.

the best recipe 6

채소장떡

장을 많이 넣으면 너무 짠맛이 강해질 수 있으므로 적당한 양을 조절하는 것이 중요해요.
된장과 고추장에 이미 간간하게 간이 되어 있어 초간장을 곁들이지 않아도 맛있답니다.
구울 땐 중약 불로 은근하게 익혀야 쫄깃하고 바삭한 식감이 살아요.

READY | 4인분

필수 재료
감자(1개), 양파(½개), 애호박(½개), 붉은고추(1개), 풋고추(2개), 깻잎(10장), 부추(30g)

반죽 재료
된장(3큰술), 고추장(2큰술), 다진 마늘(1큰술), 밀가루(1컵)

RECIPE

TIP 된장과 고추장을 체에 내려 콩 덩어리를 걸러야 짜지 않아요.

TIP 감자와 양파를 번갈아가며 갈아주면 감자의 갈변을 막을 수 있어요.

1 강판에 감자와 양파를 번갈아가며 곱게 갈고,

2 된장(3큰술), 고추장(2큰술), 물(½컵)을 고루 섞은 뒤 체에 거르고,

TIP 밀가루는 나중에 넣어야 반죽하기가 쉬워요.

3 애호박은 얇게 채 썰고, 고추는 잘게 채 썰고, 깻잎은 채 썰고, 부추는 잘게 썰고,

4 간 감자, 양파에 된장과 고추장을 푼 물, 손질한 채소, 다진 마늘(1큰술)을 섞은 뒤 밀가루를 넣어 반죽을 만들고,

5 식용유(2큰술)를 두른 팬에 반죽을 한입 크기로 동그랗게 얹은 뒤 중약 불로 구워 마무리.

슈퍼샐러드

마요네즈의 고소함이 그대로 전해지는 드레싱에 훌륭한 건뇌식품인
콜리플라워, 브로콜리, 호두를 버무린 인기 만점 샐러드예요.
우리 아이들에게 꼭 필요한 재료를 듬뿍 넣었답니다.

> **READY** | 4인분
>
> **필수 재료**
> 콜리플라워(80g), 브로콜리(80g),
> 베이컨(30g), 사과(½개), 양송이버섯(3개),
> 건포도(2큰술), 호두(50g)
>
> **드레싱**
> 설탕(1큰술)+식초(1큰술)+마요네즈(⅓컵)

RECIPE

Tip 설탕이 충분히 녹고 드레싱이 부드러워질 때까지 섞어주세요.

Tip 브로콜리, 콜리플라워는 송이가 단단하고 풍성한 것이 좋아요.

1 드레싱을 만들고,

2 콜리플라워, 브로콜리는 먹기 좋은 크기로 자르고,

3 끓는 소금물에 브로콜리, 콜리플라워를 넣어 살짝 데친 뒤 찬물에 헹구고,

4 달군 팬에 채 썬 베이컨을 넣고 중간 불로 볶은 뒤 키친타월에 얹어 기름기를 제거하고,

5 사과는 4등분하여 씨를 뺀 다음 1cm 두께로 썰고, 양송이버섯은 껍질을 벗겨 2등분한 다음 얇게 저며 썰고,

6 드레싱에 건포도, 호두, 브로콜리, 콜리플라워, 베이컨, 사과, 양송이버섯을 넣고 버무려 마무리.

the best recipe 6

채소샐러드

샐러드라고 해서 매콤하지 않으라는 법이 있나요. 깻잎, 쑥갓, 미나리의
싱그러운 향기가 돋보이는 한식 스타일의 샐러드로, 고기 요리에 곁들이면 좋아요.
채소들의 숨이 죽지 않도록 가볍게 살살 버무려주세요.

READY | 4인분

필수 재료
깻잎(10장), 쑥갓(20g), 미나리(30g), 밤(3개), 오이(1개), 배($\frac{1}{5}$개)

양념
꿀(2큰술), 고운 고춧가루(1작은술), 식초(1큰술), 간장(2큰술), 참깨(1작은술)

RECIPE

1 깻잎은 1cm 너비로 채 썰고, 쑥갓, 미나리는 한입 크기로 썰고,

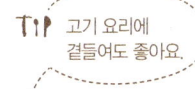
TIP 고기 요리에 곁들여도 좋아요.

2 껍질을 벗긴 밤은 납작 썰고, 오이와 배는 밤 크기와 비슷하게 썰고,

3 깻잎, 쑥갓, 미나리, 밤, 오이, 배를 꿀(2큰술)에 버무리고,

4 고운 고춧가루(1작은술), 식초(1큰술), 간장(2큰술)을 넣고 버무린 뒤 참깨(1작은술)를 뿌려 마무리.

the best recipe 6

시즌샐러드

채소는 칼로 써는 것보다 손으로 찢는 것이
영양소 손실을 줄일 수 있어요. 미리 샐러드 재료를
준비해두었다가 먹기 직전에 드레싱을 섞으면 더욱 신선해요.
냉장고 속 다양한 재료들을 활용하여 샐러드 만들어도 좋아요.

READY | 4인분

필수 재료
양상추(35g), 치커리(30g), 셀러리(⅓대), 적채(40g), 방울토마토(5개), 베이비콘(3개), 무순(10g)

드레싱
설탕(2큰술)+소금(1작은술)+식초(1큰술)+양파즙(1큰술)+레몬즙(1큰술)+파인애플즙(2큰술)+다진 파인애플(30g)+다진 파슬리(약간)+마요네즈(1큰술)+샐러드유(5큰술)

RECIPE

1 드레싱을 만들고,

TIP 기름과 양념이 잘 섞여야 분리되지 않아요.

2 양상추, 치커리는 한입 크기로 찢고,

3 셀러리는 섬유질을 제거한 뒤 어슷 썰고, 적채는 채 썰어 물에 담갔다 빼고,

TIP 적채를 찬물에 담가두면 보라색 물과 풋내가 빠지고, 식감도 더욱 아삭해져요.

4 방울토마토는 반으로 자르고, 베이비콘은 어슷 썰고,

5 손질한 채소와 무순을 그릇에 담고 드레싱을 곁들여 마무리.

the best recipe 6

채소를 구우면 생으로 먹었을 때
느끼지 못했던 새로운 맛과 식감이 나요.
겉은 부드럽고 속은 촉촉해지고,
단맛도 생긴답니다. 올리브유와 발사믹식초로
맛을 낸 드레싱은 구운 채소의 풍미를
더욱 훌륭하게 만들어요.

채소구이 샐러드

READY | 4인분

필수 재료
단호박(⅓개), 가지(1개), 고구마(1개), 양파(½개), 새송이버섯(2개)

드레싱
소금(1작은술)+후춧가루(약간)+바질가루(1작은술)+발사믹식초(2큰술)+간 양파(2큰술)+간 사과(2큰술)+다진 마늘(1큰술)+머스터드(1작은술)+올리브유(4큰술)

RECIPE

Tip 기름이 뜨면 한 번 더 섞어주세요.

1. 드레싱을 만들고,

2. 단호박은 0.5cm 두께로 썰고, 가지와 고구마는 0.5cm 두께로 어슷 썰고,

3. 양파는 큼직하게 썰고, 새송이버섯은 키친타월로 닦아 세로로 3등분하고,

4. 달군 팬에 식용유(1큰술)를 두르고 단호박, 가지, 고구마, 양파, 새송이버섯을 중간 불에서 앞뒤로 노릇하게 굽고,

Tip 뜨거운 채소를 소스에 버무리면 채소가 축 쳐지게 되므로 채소를 식힌 뒤 버무리는 게 좋아요.

5. 구운 채소와 드레싱을 버무려 마무리.

다른 반찬 필요 없이 제대로 지은 밥 한 그릇만 있어도
푸짐하게 차린 진수성찬이 부럽지 않죠.
멥쌀과 찹쌀을 1:1 비율로 섞어 넣으면 밥맛이 좋아져요.

영양밥

POINT!

소고기육수 만들기

필수 재료
물(6컵), 대파(흰 부분, 1대), 소고기(양지머리, 200g)

1. 끓는 물에 대파, 소고기를 넣고 센 불에서 한소끔 끓이고,
2. 뚜껑을 덮고 중약 불로 낮춰 1시간 정도 끓여 마무리.

READY | 4인분

필수 재료
멥쌀(1컵), 찹쌀(1컵), 밤(3개), 인삼(1뿌리),
불린 표고버섯(2장), 당근(1/5개), 대추(3개),
우엉(1/5개), 연근(1/5개), 닭가슴살(30g), 은행(10개),
소고기육수(1¾컵)

닭가슴살 밑간
청주(1작은술), 간장(1작은술), 흰 후춧가루(약간)

양념
청주(1큰술), 간장(1큰술)

RECIPE

1 멥쌀과 찹쌀은 물에 30분 정도 불리고,

2 밤은 껍질을 벗겨 한 입 크기로 썰고, 인삼은 어슷 썰고, 불린 표고버섯과 당근, 대추는 채 썰고,

3 우엉은 연필 깎듯이 얇게 깎아 채 썰고, 연근은 잘게 썰어 각각 찬물에 10분 정도 담가 두고,

4 닭가슴살은 얇게 채 썰어 **밑간**하고,

5 식용유(1큰술)를 두른 달군 냄비에 밤, 인삼, 표고버섯, 당근, 대추, 우엉, 연근, 닭가슴살, 은행을 넣은 뒤 중간 불로 볶다가 청주(1큰술), 간장(1큰술)을 넣고,

6 불린 찹쌀과 멥쌀을 섞어 넣고, 소고기육수(1¾컵)를 부은 뒤 뚜껑을 덮어 밥을 짓고,

7 밥이 끓으면 불을 끄고 잔열로 익힌 뒤 약한 불로 7~8분 정도 뜸을 들여 마무리.

구수하고 달큰한 된장 쌈장과
매콤하고 감칠맛 나는 고추장 쌈장 입맛대로 골라 드세요.
쌈채소 위에 고슬고슬한 보리밥을 얹고,
쌈장을 척 하니 올리면 입맛을 자극해요.
사먹는 쌈장과는 비교할 수 없는 놀라운 맛이랍니다.

보리밥쌈밥과 모둠쌈장

RECIPE

READY | 4인분

필수 재료
쌀(2컵), 보리쌀(½컵)

쌈 재료
상추(적당량), 깻잎(적당량), 치커리(적당량), 양배추(적당량)

된장 쌈장 재료
멸치(5마리), 풋고추(2개), 붉은고추(1개), 양파(½개), 다진 마늘(0.5큰술), 된장(½컵), 고춧가루(1큰술), 참깨(1작은술), 참기름(1작은술)

고추장 쌈장 재료
다진 쇠고기(30g), 설탕(1큰술), 고추장(5큰술), 다진 마늘(1작은술), 참깨(1작은술), 참기름(1작은술)

1. 쌀과 보리쌀은 혼합하여 씻어 30분 정도 물에 불린 뒤 물기를 제거하고 물(3컵)을 부어 밥을 짓고,

TIP 내장과 머리를 떼어낸 멸치를 사용해요.

2. 상추, 깻잎, 치커리는 흐르는 물에서 2~3회 씻어 물기를 제거하고,

3. 양배추는 깨끗이 씻어 찜통에서 살짝 찐 다음 차게 식히고,

4. 멸치를 볶아 곱게 다지고, 풋고추, 붉은고추, 양파도 곱게 다지고,

5. 팬에 멸치, 고추, 양파, 다진 마늘(0.5큰술)을 넣고 중간 불로 볶다가 된장(½컵), 고춧가루(1큰술), 참깨(1작은술), 참기름(1작은술)을 순서대로 넣고 볶아 된장 쌈장을 만들고,

6. 다진 쇠고기에 설탕(1큰술)을 골고루 섞은 다음 팬에 넣어 중간 불로 볶다가 고추장(5큰술), 다진 마늘(1작은술), 참깨(1작은술), 참기름(1작은술)을 순서대로 넣고 볶아 고추장 쌈장을 만들고,

7. 보리밥은 식혀 그릇에 담고 넓은 그릇에 각종 쌈을 담은 뒤 된장 쌈장과 고추장 쌈장을 곁들여 마무리.

↑ P234
→ P230

CHAPTER 5 | 최고의 간편제품 요리

P250
P270

'오늘은 뭐 먹지?'라는 생각이 들 때 집 근처 마트에 가면, 그 고민이 싹 사라질 거예요.
요즘은 재료를 한 번에 먹을 수 있는 만큼씩 소분하여 팩에 담아 판매하기도 하고,
따로 손질할 필요 없이 깨끗하게 다듬어진 채소들도 구입할 수 있어 편리하게 요리할 수 있죠.
간편제품으로 뚝딱 만들 수 있지만 맛깔나는 요리 한번 만들어볼까요?

두부조림

소박하지만 건강한 식재료인 두부를 활용한 요리는 정말 많은데요.
그중 두부조림은 자주 상에 오르는 메뉴죠. 두부조림을 할 땐 부침용 두부를 사용해야 모양이 흐트러지지 않아요.
또 두부를 노릇노릇하게 구운 뒤 양념장에 넣고 조려야 부드럽답니다.

READY | 4인분

필수 재료
두부(1모), 붉은고추($\frac{1}{2}$개), 대파($\frac{1}{2}$대)

육수 재료
다시마(10×10cm=1장)

양념장
다시마육수(1컵), 설탕(1작은술), 고운 고춧가루(0.5큰술), 청주(2큰술), 간장(3큰술), 물엿(1큰술)

RECIPE

1 두부는 체에 받쳐 물기를 뺀 뒤 큼직하게 자르고,

2 달군 팬에 식용유(1큰술)를 두른 뒤 두부를 중간 불에서 노릇하게 지지고,

3 끓는 물(1컵)에 다시마를 넣고 불을 끈 뒤 30분간 우려내 육수를 만들고,

4 다시마를 건져 먹기 좋은 크기로 썰고,

5 달군 팬에 **양념장**을 넣은 뒤 중간 불로 끓이고,

6 양념장에 지진 두부를 넣어 조린 뒤 채 썬 붉은고추, 대파, 다시마를 얹어 마무리.

두부찜

지진 두부를 삼각형 모양으로 잘라 그 안에 동글동글한 완자를 넣고 다양한 채소와 함께 끓이면 멋진 일품 요리가 돼요. 평범한 두부요리가 지겨워질 때 한번 만들어보세요. 보기에도 근사해 손님 초대상 메뉴로 제격이랍니다.

POINT!

소고기육수 만들기

필수 재료
물(6컵), 대파(흰 부분, 1대), 소고기(양지머리, 200g)

1. 끓는 물(6컵)에 대파, 소고기를 넣고 센 불에서 한소끔 끓이고,
2. 뚜껑을 덮고 중약 불로 낮춰 1시간 정도 끓여 마무리.

READY | 4인분

필수 재료
다진 소고기(우둔살, 100g),
밀가루(1큰술), 두부(1모), 당근(½개),
표고버섯(2장), 피망(½개)

소고기 밑간
설탕(0.5작은술), 후춧가루(약간),
간장(0.5큰술), 다진 마늘(0.5작은술),
참기름(0.5작은술)

두부 밑간
소금(약간)

양념
설탕(2작은술), 후춧가루(약간),
간장(2큰술), 다진 마늘(1작은술),
참기름(1작은술), 참깨(1작은술)

RECIPE

> TIP 완자는 끈기가 생기도록 오래 치대주세요.

1 다진 소고기는 **소고기 밑간**을 넣어 버무린 뒤 한입 크기로 둥글게 빚어 밀가루(1큰술)를 묻혀 완자로 만들고,

2 두부는 큼직하게 썰고 소금으로 밑간한 뒤 키친타월로 물기를 닦고,

> TIP 두부를 지지면 잘 부서지지 않아 깔끔해요.

> TIP 당근의 모서리를 도려내면 으깨지지 않아 모양도 예쁘고 국물도 탁해지지 않아요.

3 달군 팬에 식용유(1큰술)를 두른 뒤 두부를 얹고 중간 불에서 앞뒤로 노릇하게 지지고,

4 지진 두부는 삼각형 모양으로 자른 뒤 가운데에 칼집을 내 소고기 완자를 넣고,

5 당근은 한입 크기로 썬 뒤 모서리를 둥글게 다듬고, 불린 표고버섯과 피망은 한입 크기로 썰고,

6 물(1컵)에 설탕(2작은술), 후춧가루, 간장(2큰술), 다진 마늘(1작은술)을 넣은 뒤 표고버섯, 당근을 넣어 중간 불로 끓이고,

7 당근이 익으면 소고기 완자로 속을 채운 두부를 넣어 익히고,

8 한입 크기로 썬 피망, 참기름(1작은술), 참깨(1작은술)를 넣어 마무리.

두부전골

두부 사이에 소고기를 채우고 미나리로 묶어 푸짐한 전골을 만들었어요.
미나리 대신 실파나 부추를 사용하여 묶어도 좋아요.
끓는 동안 두부가 점점 수분을 흡수하여 부풀기 때문에 육수는 넉넉하게 부어주세요.

READY | 4인분

필수 재료
두부(1모), 불린 표고버섯(5장), 무(1토막), 미나리(50g), 양파(½개), 붉은고추(1개), 대파(1개), 다진 소고기(150g), 밀가루(2큰술), 표고버섯육수(4컵), 쑥갓(30g), 달걀(1개)

두부 밑간
소금(약간)

소고기 밑간
설탕(1큰술), 후춧가루(약간), 간장(1큰술), 다진 마늘(1큰술), 참기름(0.5큰술)

양념
국간장(1큰술), 다진 마늘(1큰술)

RECIPE

TIP 두부에 소금을 뿌리면 수분이 빠져나가 단단해지고 맛도 고소해요.

1 두부는 0.5~1cm 두께로 썰고 소금을 뿌려 물기를 제거하고, 달군 팬에 식용유(1큰술)를 두른 뒤 두부를 넣어 중간 불에서 지지고,

TIP 표고버섯을 설탕물에 우려내면 떫은맛이 제거돼요.

2 불린 표고버섯은 저며 썰고, 무는 직사각형 모양으로 얇게 썰어 물에 살짝 끓여 익히고,

3 미나리는 끓는 물에 데친 뒤 찬물에 헹구고, 양파와 고추는 채 썰고, 대파는 어슷 썰고,

TIP 양념한 소고기를 사용하여 완자 5~6개를 작게 빚어주세요. 남은 소고기는 두부 사이에 샌드할 거예요.

4 다진 소고기는 **소고기 밑간**을 한 뒤 완자로 빚고,

5 지진 두부 한 면에 밀가루를 묻히고 양념한 소고기를 얹은 뒤 다른 두부를 덮어 샌드위치처럼 만들고 반으로 잘라 미나리로 묶어 고정시키고,

6 전골냄비에 두부, 표고버섯, 무, 완자를 보기 좋게 담고, 표고버섯육수(4컵)에 국간장(1큰술), 다진 마늘(1큰술)을 넣어 간을 한 뒤 중간 불에서 끓이고,

TIP 끓는 물에 표고버섯을 넣고 불을 꺼 육수를 우려내요.

7 쑥갓을 넣고, 가운데에 달걀을 깨 넣어 달걀 흰자가 익을 때까지 끓여 마무리.

순두부찌개

매콤하고 칼칼한 순두부찌개는 추위에 지친 몸을 따뜻하게 달래줘요.
보드라운 순두부를 크게 떠서 밥 위에 올려 으깨 먹으면 피로가 풀린답니다.
새콤하게 익은 배추김치를 사용하면 감칠맛이 배가돼요.

READY | 4인분

필수 재료
순두부(1팩), 배추김치(100g),
대파(½대), 풋고추(1개), 붉은고추(½개),
돼지고기(등심, 50g), 굴(100g)

돼지고기 밑간
청주(1작은술), 간장(1작은술)
다진 마늘(1작은술)

고추기름
고춧가루(1큰술), 식용유(0.5큰술)

양념
소금(1작은술)

RECIPE

1 순두부는 한입 크기로 자르고, 배추김치는 채 썰고, 대파와 고추는 먹기 좋은 크기로 썰고,

2 돼지고기는 채 썰어 **밑간**하고,

3 고춧가루(1큰술)에 달군 식용유(0.5큰술)를 섞어 **고추기름**을 만들고,

4 달군 뚝배기에 식용유(1큰술)를 두른 뒤 돼지고기, 배추김치, 고추기름를 넣어 중간 불에서 볶고,

5 뜨거운 물(1½컵)을 부은 뒤 끓어오르면 순두부를 넣고 한소끔 끓이고,

6 대파, 고추를 넣고 끓이다 굴을 넣은 뒤 소금(1작은술)으로 간을 해 마무리.

달걀말이

달걀말이는 어떤 재료를 넣는지에 따라 천차만별의 맛을 내죠.
우유를 조금 넣어주면 더욱 부드럽고 고소해져요.
달걀물을 만들어 30분 정도 두었다가 사용하면 흰자와 노른자가
고루 섞여 달걀을 말 때 잘 찢어지지 않는답니다.

READY | 4인분

필수 재료
달걀(6개), 치즈(2장), 김(1장), 게맛살(2개)

양념
소금(1작은술), 청주(1큰술), 우유(2큰술)

RECIPE

1. 달걀에 소금(1작은술), 청주(1큰술), 우유(2큰술)를 넣고 섞은 뒤 체에 밭쳐 알끈을 거르고,

2. 치즈를 적당한 크기로 썬 뒤 여러 겹으로 포개 김에 얹어 말고,

3. 달군 팬에 식용유(1큰술)를 두르고 닦아낸 뒤 달걀물($\frac{1}{2}$분량)을 부어 중약 불에서 부치고,

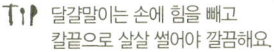

TIP 달걀말이는 손에 힘을 빼고 칼끝으로 살살 썰어야 깔끔해요.

4. 김에 만 치즈와 게맛살을 올려 돌돌 말고,

5. 달걀이 익으면 달걀물($\frac{1}{2}$분량)을 더 부어가며 도톰하게 말고,

6. 완성된 달걀말이를 먹기 좋은 크기로 썰어 마무리.

TIP 가장자리를 젓가락으로 떼면 깔끔하게 정리돼요.

달걀찜

냉장고 속에 빠지지 않는 재료의 대명사, 바로 달걀이에요.
달걀찜은 달걀로 만드는 가장 간편하고 만만한 요리죠.
달걀은 60℃ 정도에서 익기 시작하기 때문에 약한 불에서 뭉근하게 쪄야
기포가 생기지 않고 부드럽답니다. 노란 색감도 더욱 잘 살고요.

READY | 4인분

필수 재료
달걀(3개), 붉은고추(⅓개), 실파(2대)

양념
새우젓(2큰술), 참기름(0.5작은술)

RECIPE

1 볼에 달걀을 풀고,

2 물(⅔컵)에 새우젓(2큰술)을 섞은 뒤 체에 받쳐 달걀물과 고루 섞고,

3 잘게 썬 붉은고추, 송송 썬 실파를 섞고,

예열된 그릇에 참기름을 고루 바르면 달걀찜이 달라붙지 않아요.

4 그릇에 참기름(0.5작은술)을 고루 묻힌 뒤 달걀물을 붓고,

5 찜통에 넣고 중간 불로 찌다가 김이 나기 시작하면 3분 뒤에 약한 불로 줄여 15분 정도 익혀 마무리.

팽이버섯무침

버섯이나 오이처럼 식재료 자체에 맛과 향이 가득한 것들은 익히지 않고 생으로 먹어야 제 맛이죠.
고소하면서도 새콤달콤한 소스에 버무려 만든 한국식 샐러드예요. 밑반찬으로 즐겨도 좋아요.

READY | 4인분

필수 재료
팽이버섯(2팩), 오이(1개), 게맛살(2개), 두부(¼모)

양념장
소금(1작은술)+설탕(1큰술)+식초(1큰술)+레몬즙(1작은술)+참기름(2큰술)+깨소금(1큰술)

RECIPE

1 팽이버섯은 밑동을 자르고 반 갈라 가닥가닥 떼고,

TIP 오이 대신 피망, 풋고추, 부추를 사용해도 좋아요.

2 오이는 5cm 길이로 자른 뒤 돌려 깎아 가늘게 채 썰고,

TIP 게맛살을 1시간 정도 냉동 보관하면 결대로 잘 찢어져요.

3 게맛살은 5cm 길이로 자른 뒤 손으로 비벼 결대로 잘게 찢고,

4 두부는 곱게 으깬 뒤 **양념장**을 섞고,

5 팽이버섯, 오이, 게맛살을 섞어 마무리.

돌솥에 밥을 지으면 모락모락한 김과
은근하게 퍼지는 밥냄새가 매력적이죠.
구수함은 더해지고 뜨끈함은 오래 유지된다는 장점도 있고요.
다 먹고 난 뒤 따뜻한 물을 부어 누룽지로 먹는 재미도 있답니다.

버섯솥밥

POINT!

소고기육수 만들기

필수 재료
물(12컵), 대파(½대), 양파(½개), 마늘(5쪽), 소고기(양지머리, 200g)

1. 끓는 물에 대파, 양파, 마늘을 넣고 다시 끓어오르면 소고기를 넣고,
2. 끓어오르면 뚜껑을 닫고 약한 불로 1시간 30분 정도 끓인 뒤 면포에 걸러 마무리.

READY | 4인분

필수 재료
멥쌀(1컵), 찹쌀(1컵), 우엉(적당량), 연근(적당량), 밤(2개), 표고버섯(2장), 양송이버섯(2개), 당근(¼개), 닭가슴살(50g), 완두(20g), 소고기육수(2컵)

닭고기 밑간
청주(1작은술), 간장(1작은술), 흰 후춧가루(약간)

양념
간장(1큰술), 청주(1큰술)

양념장
고춧가루(1큰술)+간장(2큰술)+다진 마늘(1작은술)+다진 실파(2큰술)+참기름(1작은술)+참깨(1작은술)

RECIPE

1. 멥쌀과 찹쌀은 찬물에 30분 동안 불리고,

Tip 닭가슴살 대신 유부를 데쳐 넣어도 좋아요.

2. 우엉은 껍질을 벗긴 뒤 연필을 깎듯 깎아 적당한 크기로 썰고, 연근은 한입 크기로 썰고, 껍질을 벗긴 밤은 토막 내고,

3. 물에 불린 표고버섯은 채 썰고, 양송이버섯은 얇게 썰고, 당근은 채 썰고,

4. 달군 돌솥에 식용유(0.5큰술)를 두른 뒤 얇게 썰어 **밑간**한 닭가슴살을 중간 불로 볶고,

5. 썰어놓은 우엉, 연근, 밤, 표고버섯, 양송이버섯과 완두를 넣어 볶고,

6. 간장(1큰술), 청주(1큰술)를 넣고 볶다가 불린 찹쌀과 멥쌀을 넣어 볶고,

7. 소고기육수(2컵)를 붓고 뚜껑을 닫아 김이 오르면 불을 끄고, 김이 사그라지면 약한 불로 뜸을 들이고 **양념장**을 곁들여 마무리.

the best recipe 6

버섯들깨탕

마트에서 손쉽게 구할 수 있는 버섯과 고소한 맛의 선두주자 들깨를 넣어 팔팔 끓인 버섯들깨탕이에요. 표고버섯은 특히 향이 강하므로 다른 버섯들보다 먼저 넣고 끓여야 잘 어우러져요. 끓이면서 생기는 거품을 걷어내 깔끔함을 살려주세요.

READY | 4인분

필수 재료
새송이버섯(2개), 느타리버섯(50g),
팽이버섯(150g), 우엉(1개),
풋고추(2개), 대파(1대)

육수 재료
표고버섯(3장)

양념
들깻가루(½컵), 소금(1큰술)

RECIPE

1 표고버섯은 깨끗이 씻은 뒤 미지근한 물(6컵)에 넣어 30분간 우려내 육수를 만들고,

2 육수를 낸 표고버섯을 건져 얇게 채 썰고, 새송이버섯은 세로로 3등분하고, 느타리버섯은 결대로 찢고, 팽이버섯은 밑동을 제거하여 반으로 자르고,

3 우엉은 껍질을 제거한 뒤 돌려 깎아 물에 담그고, 풋고추, 대파는 어슷 썰고,

4 표고버섯육수(6컵)를 중간 불에서 끓인 뒤 들깻가루(½컵)와 물기를 제거한 우엉을 넣어 끓이고,

5 표고버섯을 넣어 다시 한소끔 끓이고,

6 새송이버섯, 느타리버섯, 팽이버섯, 풋고추, 대파를 넣은 뒤 소금(1큰술)으로 간을 해 마무리.

버섯불고기전골

전골냄비에 버섯과 불고기를 듬뿍 넣고 바글바글 끓여 상에 올리면
온 가족이 푸짐하게 한 끼 식사를 즐길 수 있어요.
쫄깃쫄깃한 버섯과 진한 육수의 맛에 빠져 손에서 숟가락을 놓지 못할 거예요.

RECIPE

> **READY** | 4인분
>
> **필수 재료**
> 소고기(채끝, 200g), 팽이버섯(100g), 느타리버섯(80g), 새송이버섯(2개), 대파(½대), 양파(½개), 당면(50g)
>
> **소고기 밑간**
> 배즙(2큰술)
>
> **육수 재료**
> 소고기(양지머리, 200g), 대파(흰 대, ½개), 양파(10g)
>
> **소고기 양념**
> 설탕(1큰술), 후춧가루(약간), 간장(4큰술), 다진 마늘(1큰술), 참기름(1작은술), 깨소금(1작은술)
>
> **양념**
> 소금(1작은술)

TIP 고기를 배즙에 재우면 육질이 연해져 소화가 잘 돼요.

1 소고기는 한입 크기로 썬 뒤 배즙(2큰술)으로 밑간하여 10분 정도 재우고,

2 냄비에 물(7컵)과 **육수 재료**를 넣고 1시간 정도 중간 불로 끓이고,

3 팽이버섯, 느타리버섯은 결대로 찢고, 새송이버섯은 저며 썰고,

4 대파는 어슷 썰고, 양파는 채 썰고,

TIP 당면은 불려서 사용해요.

5 **소고기 양념**에 소고기를 버무린 뒤 중간 불로 볶다가 대파, 양파를 넣어 볶고,

6 전골냄비에 볶은 소고기와 준비한 버섯을 가지런히 담고,

7 소고기육수(3컵)에 소금(1작은술)으로 간을 한 뒤 냄비에 부어 중간 불로 끓이다 당면과 육수를 냈던 양지머리를 저며 썰어 넣고 한소끔 끓여 마무리.

표고버섯양념구이

READY | 4인분

필수 재료
표고버섯(20장), 감자전분(1큰술)

양념장
설탕(0.5큰술)+고춧가루(1작은술)+간장(2큰술)+참기름(1작은술)+후춧가루(약간)+참깨(1작은술)

표고버섯에 짭쪼름한 양념을 발라 구워낸 고품격요리예요.
그냥 굽는 것보다 모양을 내 잘라주면 비주얼이 한층 업그레이드 돼요.
감자전분을 묻혀 구우면 윤기가 더해져 먹음직스럽게 보이고요.

RECIPE

1 **양념장**을 섞고,

2 표고버섯은 기둥을 제거해 갓 안쪽에 감자전분을 묻히고,

3 달군 팬에 식용유(1큰술)를 두른 뒤 표고버섯의 갓 안쪽 방향부터 중간 불로 굽고,

4 버섯이 익으면 약한 불로 줄여 양념장을 고루 발라 구워 마무리.

영양지짐

READY | 4인분

필수 재료
느타리버섯(100g), 조갯살(100g), 붉은고추(1개), 깻잎(6장), 달래(80g)

반죽 재료
달걀(1개), 소금(1작은술), 다진 마늘(1작은술), 밀가루(⅜컵)

초간장
설탕(0.5작은술)+식초(1작은술)+간장(1큰술)

재료를 아낌없이 넣어 만든 전이에요.
소갯살 대신 새우나 오징어를 잘게 썰어 넣어도 맛있어요.
전을 부칠 때는 기름을 넉넉하게 두른 뒤 반죽을 꾹꾹 누르지 않고 구워야 식감이 부드러워요.

RECIPE

TIP 느타리버섯은 냄비 가장자리가 끓어오를 때까지 데쳐요.

TIP 밀가루를 마지막에 넣고 가볍게 섞어야 부드러운 맛과 모양이 살아요.

1 느타리버섯은 끓는 소금물에 살짝 데쳐 잘게 썰고,

2 달걀을 고루 푼 뒤 소금(1작은술), 다진 마늘(1작은술), 물(½컵)을 섞고,

3 달걀에 잘게 썬 조갯살, 붉은고추, 깻잎, 달래를 넣은 뒤 밀가루(⅜컵)를 섞어 살살 버무리고,

4 달군 팬에 식용유(2큰술)를 두르고 반죽을 한입 크기로 얹어 중간 불에서 노릇하게 구운 뒤 **초간장**을 곁들여 마무리.

버섯은 비타민 D, 식이섬유, 칼륨이 풍부해 항암효과, 성인병, 나트륨 배출에 도움이 돼요.
버섯 고유의 향을 제대로 느끼기 위해 높은 온도에서 재빨리 익히는 것이 좋아요.

버섯국

READY | 4인분

필수 재료
불린 표고버섯(3장), 팽이버섯(1팩), 느타리버섯(50g), 채 썬 소고기(100g), 대파(½대), 달걀(1개)

소고기, 표고버섯 양념
설탕(1작은술), 간장(0.5큰술), 다진 마늘(1작은술), 참기름(0.5작은술) 후춧가루(약간)

양념
국간장(1큰술)

RECIPE

> TIP 표고버섯은 설탕물에 불려 사용하면 떫은맛이 덜해요.

1 불린 표고버섯은 꼭지를 뗀 뒤 채 썰고,

2 팽이버섯은 밑동을 자르고 반 갈라 가닥가닥 떼고, 느타리버섯은 먹기 좋게 찢고,

3 **소고기, 표고버섯 양념**을 섞어 소고기, 표고버섯에 버무리고,

4 표고버섯육수(5컵)를 준비하여 중간 불로 끓인 뒤 양념한 표고버섯과 소고기를 넣어 익히고,

5 팽이버섯, 느타리버섯, 어슷 썬 대파를 넣고,

6 국간장(1큰술)으로 간을 한 뒤 달걀을 풀어 넣고 한소끔 끓여 마무리.

> TIP 표고버섯은 깨끗이 씻은 뒤 미지근한 물(5컵)에 넣고 30분간 우려 육수를 준비해요.

어묵뭇국

이자카야에서 나오는 고급스러운 메뉴 못지않은 비주얼을 자랑하는 어묵뭇국이에요.
각기 다른 종류의 어묵을 한 팩에 담아 파는 제품을 구입하여
꼬치에 차례대로 꽂기만 해도 아주 멋지답니다.

RECIPE

> **TIP** 다시마는 두꺼운 부분을 준비해 젖은 행주로 닦은 뒤 사용하세요.

READY | 4인분

필수 재료
대파(1대), 무(1/4개), 어묵(2팩), 곤약(100g), 메추리알(8개)

육수 재료
다시마(5×5cm=1장)

양념
소금(0.5작은술), 청주(1큰술), 간장(1큰술)

겨자장
간장(1큰술)+겨자(1작은술)

1. 뜨거운 물(6컵)에 다시마를 넣고 30분 정도 우려 육수를 만들고,

2. 건져낸 다시마는 길쭉하게 썰고, 대파는 한입 크기로 썰고,

> **TIP** 뜨거운 물을 부으면 기름기가 제거돼요.

3. 어묵은 먹기 좋은 크기로 썬 뒤 체에 받쳐 뜨거운 물을 붓고,

> **TIP** 곤약은 끓는 물에 10분 정도 삶은 뒤 찬물에 30분 정도 담가 사용하면 냄새가 제거돼요.

4. 곤약은 편 썰어 가운데에 칼집을 낸 뒤 꼬아서 꽈배기 모양을 만들고,

5. 꼬치에 어묵, 다시마, 대파를 가지런히 꽂고,

6. 냄비에 다시마육수(6컵)를 부은 뒤 무를 큼직하게 썰어 넣어 중간 불로 끓이고,

> **TIP** 무를 찔렀을 때 쑥 들어가면 살캉하게 익은 거예요.

7. 소금(0.5작은술), 청주(1큰술), 간장(1큰술)으로 간을 한 뒤 어묵 꼬치, 곤약, 메추리알을 넣고, 한소끔 끓여 **겨자장**을 곁들여 마무리.

the best recipe 6

어묵볶음

도시락반찬 메뉴를 고민하고 계신 분들이 있다면 어묵볶음을 강력 추천해요.
아침에 후다닥 만들기도 편하고, 아이들이 좋아하는 새콤달콤한 케첩 소스에
어묵과 채소를 함께 넣고 볶으면 편식하지 않고 잘 먹는답니다.

READY | 4인분

필수 재료
어묵(1팩), 피망(½개), 노랑 파프리카(½개), 주황 파프리카(½개), 양파(½개)

양념장
청주(2큰술)+고추장(1큰술)+토마토케첩(3큰술)+물엿(1작은술)

양념
참깨(1큰술)

RECIPE

1 어묵은 먹기 좋은 크기로 썬 뒤 체에 밭쳐 뜨거운 물을 부어가며 데치고.

2 피망, 파프리카, 양파는 어묵과 비슷한 크기로 썰고.

3 **양념장**을 섞고.

TIP 케첩 대신 간장을 넣어도 좋아요.

4 달군 팬에 식용유(1큰술)를 두른 뒤 피망, 파프리카, 양파를 넣어 중간 불에서 볶고.

5 어묵을 넣어 볶고.

6 양념장을 부은 뒤 참깨(1작은술)를 뿌려 마무리.

참치 채소볶음

참치를 채소와 함께 달달 볶으면 칼슘, 단백질, 무기질 등의 영양성분이 배가된답니다.
성장기 어린이들에게 특히 좋아요.
밑반찬으로 사용하는 통조림 참치는 기름기를 잘 거른 다음 사용해야 담백해요.

READY | 4인분

필수 재료
통조림 참치(1캔), 김치(200g), 피망($\frac{1}{2}$개), 붉은피망($\frac{1}{2}$개), 양파($\frac{1}{2}$개)

양념
소금(약간), 참기름(1작은술), 참깨(1작은술)

RECIPE

1 통조림 참치는 체에 밭쳐 기름을 거르고,

2 김치는 채 썰고, 피망과 양파는 가늘게 채 썰고,

3 달군 팬에 참치와 김치를 중간 불로 볶고,

4 김치가 어느 정도 익으면 피망과 양파를 넣어 볶고,

5 소금, 참기름(1작은술), 참깨(1작은술)를 넣은 뒤 살짝 볶아 마무리.

the best recipe 6

나들이 필수 아이템인 피크닉 도시락!
손에 들고 깔끔하게 먹을 수 있는 샌드위치로 준비해보세요.
고소한 마요네즈와 알싸한 머스터드가 어우러진 소스는
샌드위치 속재료의 풍미를 더해준답니다.

참치 샌드위치

READY | 4인분

필수 재료
통조림 참치(1캔), 오이(1개), 양파(½개), 식빵(8장)

소스
소금(1큰술), 마요네즈(½컵), 머스터드(1큰술)

RECIPE

1 통조림 참치는 기름기를 뺀 뒤 곱게 부수고,

TIP 양파는 참치의 비린 맛을 잡아줘요. 찬물에 헹궈서 진액과 매운 향을 빼주세요.

2 오이는 길쭉하게 2등분한 뒤 어슷 썰고, 양파는 채 썰어 각각 소금(0.5큰술)에 버무려 10분 정도 절인 뒤 물기를 꼭 짜고,

3 **소스**를 섞고,

4 참치, 오이, 양파를 섞은 뒤 소스에 버무리고,

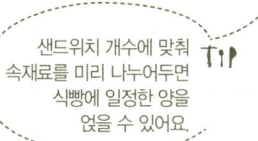

TIP 샌드위치 개수에 맞춰 속재료를 미리 나누어두면 식빵에 일정한 양을 얹을 수 있어요.

5 식빵 한 쪽에 버무린 재료를 고루 얹은 뒤 다른 식빵으로 덮고,

6 먹기 좋은 크기로 썰어 마무리.

콩나물골뱅이무침

쫄깃한 골뱅이가 듬뿍 들어간 별미 요리로 야식으로도 만들어도 좋고, 술안주로도 잘 어울려요. 골뱅이의 빨판 쪽은 쫀득쫀득하고 머리 쪽은 연해요. 2가지 식감을 동시에 느낄 수 있도록 써는 것이 맛의 포인트예요.

READY | 4인분

필수 재료
통조림 골뱅이(1캔), 오징어포(50g), 콩나물(100g), 오이($\frac{1}{2}$개), 깻잎(10장)

양념장
소금(0.5큰술)+설탕(1큰술)+고춧가루(3큰술)+식초(2큰술)+골뱅이 국물(3큰술)+다진 마늘(1큰술)+생강가루(약간)+참깨(1작은술)

RECIPE

TIP 골뱅이 국물을 넣어 양념을 만들면 감칠맛이 더해져요.

1 **양념장**을 만들고,

2 골뱅이는 체에 밭쳐 국물을 뺀 뒤 적당한 크기로 썰고,

3 오징이포는 한입 크기로 잘라 골뱅이 국물에 담그고,

4 끓는 물에 머리와 꼬리를 제거한 콩나물을 넣고 불을 끈 뒤 뚜껑을 덮어 김이 나올 때까지 익혔다가 꺼내 차갑게 식히고,

5 오이는 어슷 썰고, 깻잎은 적당한 크기로 썰고,

6 골뱅이, 물기를 뺀 오징어포, 콩나물, 오이, 깻잎을 양념장에 버무려 마무리.

달짝지근한 밑반찬 하면 딱 떠오르는 오징어포고추장무침이에요.
오징어포를 먹기 좋은 크기로 썬 뒤 찬물에 담가 부드럽게 만든 상태에서 조리하는 것이 좋아요.
만든 다음에는 상온에 두고 먹어야 딱딱해지지 않고요.

오징어포 고추장무침

READY | 4인분

필수 재료
오징어포(150g), 마늘종(50g)

양념장
설탕(1큰술), 고운 고춧가루(1큰술), 청주(1큰술), 토마토케첩(1큰술), 핫소스(1작은술), 고추장(2큰술), 물엿(2큰술),

양념
참기름(1작은술), 참깨(1작은술)

RECIPE

1. 오징어포는 찬물에 씻어 물기를 제거한 뒤 먹기 좋게 자르고,

2. 마늘종은 먹기 좋게 썰고,

3. **양념장**을 만들고,

마늘종 대신 풋마늘을 넣어도 좋아요. TIP

4. 달군 팬에 식용유(1큰술)를 두르고 오징어포와 마늘종을 중간 불로 볶고,

5. 양념장을 넣고 섞은 뒤 불을 끄고, 참기름(1작은술), 참깨(1작은술)를 넣고 버무려 마무리.

열량은 적지만 조금만 먹어도 포만감이 느껴지는 다이어트 식품인 곤약을 맛있게 먹는 법!
질리지 않는 고소한 맛이 일품인 곤약쑥갓무침은 저염식이라 야식으로 먹어도 좋고
운동 후에 먹어도 부담 없답니다.

곤약쑥갓무침

READY | 4인분

필수 재료
곤약(150g), 쑥갓(50g), 두부(⅓모)

양념
소금(1작은술), 다시마육수(1큰술), 맛술(1큰술), 깨소금(3큰술)

RECIPE

> TIP 끓는 물에 곤약을 넣고 10분 정도 데친 뒤 찬물에 담갔다가 꺼내 썰어주세요.

1 곤약은 가늘게 채 썰고,

2 끓는 물에 소금을 넣은 뒤 쑥갓을 넣어 살짝 데치고,

3 쑥갓은 먹기 좋은 크기로 썰고,

4 두부는 으깨고,

5 두부에 **양념**을 섞고,

5 쑥갓, 곤약, 두부를 고루 버무려 마무리.

the best recipe 6

샐러드 김밥

속재료를 꽉 채운 프리미엄 김밥이 꾸준히 대세를
이어가고 있네요. 이제 아이들에게도 안심하고 줄 수 있는
엄마표 김밥을 집에서 만들어보세요.
밥의 양이 김의 ⅔ 정도를 덮어야 김밥이 예쁘게 말아진답니다.

RECIPE

READY | 4인분

필수 재료
오이(1개), 게맛살(2개), 통조림 참치(1캔), 김(5장), 깻잎(15장)

밥 짓는 재료
불린 쌀(3컵), 다시마(10×10cm=1장), 청주(1큰술)

배합초
소금(1작은술), 설탕(2큰술), 식초(3큰술)

달걀물
달걀(2개), 청주(1큰술), 소금(0.5큰술)

양념
소금(약간), 마요네즈(5큰술)

TIP 쌀은 찬물에 30분 정도 불려 준비해요.

1 냄비에 물(3컵)과 **밥 짓는 재료**를 넣어 밥을 짓고,

2 **배합초**를 밥에 고루 섞고,

TIP 마요네즈를 많이 넣으면 질척해질 수 있어요.

3 식용유(1.5큰술)를 두른 달군 팬에 **달걀물**을 섞어 부은 뒤 재빨리 거품기로 저어 보슬보슬하게 익히고,

4 오이는 어슷 썰어 소금에 10분 정도 절인 뒤 물기를 짜고, 게맛살은 잘게 찢고,

5 기름기를 뺀 참치, 오이, 게맛살, 익힌 달걀, 마요네즈(5큰술)를 버무려 샐러드를 만들고,

6 김발 위에 김을 올리고 밥을 고루 편 뒤 깻잎을 올리고,

7 준비한 샐러드를 올리고,

8 김밥을 말아 먹기 좋은 크기로 썰어 마무리.

the best recipe 6

혼자 간단하게 먹고 싶은데,
맛과 영양을 놓칠 수 없다면 알밥 어떠세요.
밥 위에 몇 가지 재료만 얹으면 아주 훌륭한 한 그릇 요리가 돼요.
밥 위에 예쁘게 재료를 돌려 담은 뒤
메추리알을 톡 깨서 슥슥 비벼 먹으면 꿀맛이랍니다.

알밥

READY | 1인분

필수 재료
성게젓(1작은술), 밥(1공기),
날치알(적당량), 무순(30g),
김(1장), 가다랑어포가루(0.5큰술),
메추리알(1개)

양념
맛술(1작은술), 참기름(1큰술)

RECIPE

1 성게젓과 맛술(1작은술)을 잘 섞고.

2 뚝배기를 충분히 달궈 참기름(1큰술)을 고루 바르고.

3 달군 뚝배기에 밥을 넣고 날치알과 무순을 올리고.

4 센 불에서 바삭하게 구운 김을 잘게 부숴 얹고.

5 가다랑어포가루와 성게젓을 올린 뒤 메추리알을 가운데 깨 마무리.

Tip 성게젓 대신 명란젓을 사용해도 좋아요.

무청멸치조림

무청은 섬유소가 많이 포함되어 장을 활발하게 하는 효과가 있어요.
변비로 고생하시는 분들이라면 꼭 챙겨 드시는 게 좋아요.
고향의 맛이 느껴지는 토속적인 밑반찬이 그리운 날, 무청멸치조림 한번 만들어보세요.

READY | 4인분

필수 재료
무청(400g), 대파(1대), 붉은고추(1개), 멸치(10마리)

양념장
고춧가루(1큰술)+다진 마늘(0.5큰술)+된장(3큰술)+참기름(1작은술)+깨소금(1작은술)

RECIPE

1 물(1컵)에 **양념장**을 섞고,

TIP 말린 무청은 찬물에 30분 정도 담갔다가 꺼내 헹군 뒤 끓는 물에 4시간 정도 삶아요.

2 끓는 물에 소금을 넣은 뒤 무청을 넣고 30분 정도 삶아 껍질을 벗겨 적당한 크기로 썰고,

3 대파와 씨를 뺀 고추는 같은 크기로 썰고,

4 마른 팬에 내장을 제거한 멸치를 넣고 중간 불로 볶고,

TIP 멸치는 은백색의 광택이 나고 등이 약간 구부러진 것이 좋아요.

5 삶은 무청, 대파, 고추, 볶은 멸치를 양념장에 버무리고,

6 냄비에 넣고 국물이 없어질 때까지 중간 불에서 조려 마무리.

깻잎멸치찜

깻잎의 잔털에 불순물이 있을 수 있으니 앞면과 뒷면 모두 흐르는 물에 꼼꼼히 씻어내고 사용해야 해요.
양념을 약간 싱거운 듯 만들어야 찜통에서 찌고 난 뒤 간이 적당하게 맞춰져요.

> **READY** | 4인분
>
> **필수 재료**
> 깻잎(30장), 잔멸치(20g), 대파(½대),
> 붉은고추(½개), 마늘(1개)
>
> **양념장**
> 설탕(0.5큰술), 간장(1.5큰술), 참깨(1작은술)

RECIPE

1 깻잎은 깨끗이 씻어 준비하고,

2 잔멸치는 머리를 떼고 반으로 갈라 내장을 제거하고,

3 달군 팬에 손질한 멸치를 넣어 중간 불에서 볶고,

4 대파, 고추, 마늘은 가늘게 채 썰고,

5 물(2큰술), 설탕(0.5큰술), 간장(1.5큰술), 참깨(1작은술)를 섞어 양념장을 만들고,

6 양념장에 대파, 붉은고추, 마늘, 볶은 멸치를 넣어 섞고,

7 그릇에 깻잎을 2~3장씩 겹쳐서 돌려 담으며 양념장을 켜켜이 끼얹고, 김이 오른 찜통에 넣고 3분 정도 쪄 마무리.

the best recipe 6

잔멸치볶음

잔멸치는 매콤한 양념장보다는 달콤하면서도 짭짤한 양념장이 더 잘 어울려요.
물엿을 넣으면 잔멸치가 딱딱해지므로 설탕을 넣어 바삭바삭한 맛을 살려주세요.
아몬드, 땅콩, 호두, 잣 등의 견과류를 함께 넣어도 좋아요.

READY | 4인분

필수 재료
잔멸치(150g), 꽈리고추(50g)

양념
설탕(3큰술), 청주(1큰술), 간장(1작은술), 참기름(2작은술), 참깨(1작은술)

RECIPE

TIP 꽈리고추는 잘게 썬 뒤 볶아야 물이 생기지 않아요.

1 잔멸치는 체에 밭쳐 잔가루와 불순물을 제거하고,

2 꽈리고추는 잘게 썰고,

3 팬에 식용유(1.5큰술)를 두르고 잔멸치가 빳빳해질 때까지 중간 불에서 볶고,

4 설탕(3큰술), 청주(1큰술)를 넣어 설탕이 녹을 때까지 고루 섞고,

5 꽈리고추를 넣은 뒤 간장(1작은술)으로 간을 하고,

6 참기름(2작은술), 참깨(1작은술)를 넣고 고루 섞어 마무리.

the best recipe 6

카레라이스를 만들 때 찬물 대신 뜨거운 물을 부으면 채소가 빨리 익고, 물러지지 않아요.
익는 데 오래 걸리는 순서대로 넣으면 채소의 맛이 잘 어우러져요.

카레라이스

READY | 5인분

필수 재료
감자(2개), 당근($\frac{1}{2}$개), 양파(1개), 셀러리(1대), 양송이버섯(3개), 소고기(120g), 브로콜리(40g), 완두콩(30g), 밥(5공기)

선택 재료
생크림(2큰술)

양념
버터(1큰술), 다진 마늘(1큰술), 카레가루(90g)

RECIPE

> TIP 감자를 가볍게 씻어 전분기를 빼주세요. 그대로 사용하면 카레가 되직하고 텁텁해져요.

1 감자, 당근은 깍둑 썰고, 양파는 네모나게 썰고,

> TIP 양파를 먼저 볶은 뒤 고기를 볶아야 고기의 잡냄새를 잡을 수 있어요.

2 셀러리는 작게 썰고, 양송이버섯은 한입 크기로 썰고, 소고기는 얇게 저며 썰고,

3 달군 팬에 식용유(1.5큰술)를 두르고 버터(1큰술), 다진 마늘(1큰술), 양파, 소고기를 넣어 중간 불로 볶고,

4 감자, 당근, 셀러리, 양송이버섯을 넣어 볶고,

5 끓는 물(4컵)을 부어 끓이다가 물($\frac{1}{2}$컵)에 카레가루를 풀어 넣어 끓이고,

6 브로콜리, 완두콩을 넣고 끓이다 생크림(2큰술)을 넣어 한소끔 끓이고,

7 그릇에 밥을 담고 카레와 곁들여 마무리.

쟁반냉면

널찍한 그릇에 메밀면과 채소를 가지런히 담아 양념장에 비벼 먹는 쟁반냉면이에요.
메밀면은 일반 국수면에 비해 단백질이나 필수 아미노산이 훨씬 풍부하게 들어 있어요.

RECIPE

> **READY** | 4인분
>
> **필수 재료**
> 양지머리(200g), 오이(½개), 방울토마토(10개), 달걀(2개), 깻잎(10장), 상추(5장), 배(½개), 풋고추(2개), 메밀면(300g)
>
> **육수 재료**
> 대파(2대), 양파(½개), 마늘(3쪽), 생강(1톨)
>
> **양념장**
> 양지머리육수(½컵)+설탕(3큰술)+소금(1작은술)+고춧가루(1큰술)+간장(3큰술)+식초(3큰술)+다진 마늘(1큰술)+다진 고추(1개분)+갠 겨자(1큰술)+참기름(1작은술)

1 양지머리를 거즈에 돌돌 말아서 무명실로 묶은 뒤 냄비에 물(2컵)과 **육수 재료**를 넣고 푹 끓여 양지머리를 건져 찬물에 헹구어 낸 다음, 차게 식혀 양지머리를 얇게 저며 썰고,

2 육수는 차게 식힌 뒤 거즈에 걸러 맑게 준비하고,

3 오이는 가늘게 채 썰고, 방울토마토는 2등분하고, 달걀은 완숙으로 삶아내 먹기 좋은 크기로 썰고,

4 깻잎, 상추는 채 썰고, 배는 껍질을 벗겨 채 썰고, 풋고추는 씨를 털어 낸 뒤 짧게 채 썰고,

5 **양념장**을 만들고,

6 메밀면을 삶은 뒤 찬물에 비벼 씻어 둥글게 말아두고,

7 접시에 면과 준비한 재료를 돌려 담고 양념장을 곁들여 마무리.

무더운 여름철에 차가운 콩국물을 후루룩 들이키면
정신이 번쩍 들면서 더위를 잊을 수 있어요.
콩에 들어있는 단백질 성분은 활력을 불어 넣는 효과도 있답니다.

콩국수

> **READY** | 4인분
>
> **필수 재료**
> 대두(100g), 땅콩(½컵), 참깨(1큰술), 오이(1개), 토마토(1개), 소면(300g)
>
> **양념**
> 소금(약간)

RECIPE

TIP 상태가 좋지 않은 대두는 골라낸 뒤 사용하세요.

1 대두를 씻은 뒤 6시간 정도 불리고,

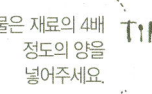

TIP 물은 재료의 4배 정도의 양을 넣어주세요.

2 냄비에 물을 넣고 끓기 시작하면 대두를 넣어 중간 불로 끓인 뒤 거품이 올라오면 불을 끄고 뚜껑을 닫아 3분 정도 두었다가 찬물에 헹구어 식히고, 손바닥으로 대두를 비벼 껍질을 벗기고,

3 땅콩은 껍질을 벗긴 뒤 중간 불에서 노릇노릇하게 볶다가, 참깨를 넣어 볶고,

4 대두와 땅콩, 참깨를 믹서에 넣고 물을 부어 곱게 갈아 거즈에 거른 뒤 소금으로 간하고,

5 오이는 가늘게 채 썰고, 토마토는 얇게 저며 썰고,

6 국수를 삶아 찬물에 헹구고 얼음물에 한 번 더 헹군 뒤 1인분 분량씩 사리를 만들어 그릇에 담고,

7 차게 만든 콩국을 부은 뒤 오이와 토마토를 얹고 소금으로 간하여 마무리.

짬뽕

사먹는 짬뽕은 왠지 텁텁하고 입맛에 맞지 않아 내키지 않을 때가 있죠.
그럴 땐 감칠맛 나는 양념으로 얼큰하게 즐기는 홈메이드 짬뽕에 도전해보세요.
면이 들어가면 싱거워지므로 짬뽕 국물의 간은 간간하게 하는 것이 좋아요.

RECIPE

READY | 4인분

필수 재료
배추(1장), 부추(20g), 표고버섯(2장), 양파(½개), 당근(40g), 대파(½대), 오징어(½마리), 조갯살(50g), 짬뽕면(300g)

육수 재료
닭가슴살(1개), 마늘(3쪽), 양파(½개), 청주(1큰술)

양념
고춧가루(1큰술), 간장(1큰술), 고추기름(1큰술), 후춧가루(약간), 소금(1큰술), 참기름(1큰술)

1 물(10컵)이 끓기 시작하면 **육수 재료**를 넣은 뒤 중간 불로 끓이다 다시 끓어오르면 뚜껑을 닫고 30분~1시간 정도 더 끓여 면포에 걸러내 육수를 준비하고,

2 육수를 냈던 닭가슴살은 껍질을 벗겨 잘게 찢고,

3 배추, 부추, 표고버섯은 비슷한 크기로 채 썰고,

TIP 껍질을 벗긴 바깥쪽은 매끈매끈하고, 내장이 있는 안쪽은 오돌토돌해요.

4 양파, 당근은 채 썰고, 대파는 어슷 썰고,

5 껍질을 벗긴 오징어는 안쪽에 길게 칼집을 낸 뒤 대각선으로 썰고,

6 달군 팬에 식용유(1큰술)를 두르고 배추, 표고버섯, 양파, 당근, 대파를 넣고 중간 불로 볶다가 고춧가루(1큰술), 간장(1큰술), 고추기름(1큰술), 후춧가루를 넣고,

7 뜨거운 육수(4컵)를 넣고 국물이 끓어오르면 오징어와 조갯살을 넣고,

TIP 해물은 너무 오래 익히면 질겨지므로 나중에 넣어요.

8 부추, 닭고기를 넣은 뒤 소금(1큰술), 참기름(1큰술)으로 간을 하고,

9 그릇에 삶아둔 면을 담고 짬뽕 국물을 부어 마무리.

the best recipe 6

비빔국수

빨간 양념장만 생각해도 새콤달콤매콤한 맛이 떠올라 군침이 꿀꺽 넘어가는 메뉴죠.
하지만 은근히 맛내기 어렵기도 해요.
레시피 그대로 따라 하기만 하면 초보자들도 실패 없이 맛깔나는 비빔국수를 만들 수 있답니다.

READY | 4인분

필수 재료
오이(1개), 당근(½개), 불린 표고버섯(2장), 소고기(우둔살, 100g), 소면(300g), 달걀(2개)

소고기, 표고버섯 밑간
간장(1큰술), 다진 마늘(1작은술), 참기름(1작은술) 후춧가루(약간)

양념장
설탕(1큰술)+고운 고춧가루(1큰술)+간장(3큰술)+ 김칫국물(3큰술)+다진 마늘(0.5큰술)+ 고추장(3큰술)+참기름(1큰술)+참깨(1작은술)

RECIPE

1. 오이는 어슷 썰어 소금에 10분 정도 절인 뒤 면포에 싸서 물기를 꼭 짜고,

2. 당근, 불린 표고버섯은 가늘게 채 썰고,

3. 채 썬 소고기와 표고버섯을 섞은 뒤 **밑간**에 버무리고,

4. 달군 팬에 식용유(0.5큰술)를 두르고 오이, 당근을 중간 불로 볶고,

Tip 재료는 각각 따로 볶아주세요.

5. 식용유(1큰술)를 두른 팬에 소고기와 표고버섯을 중간 불로 볶고,

Tip 재료를 볶을 때는 색깔이 연하고 양념이 없는 재료부터 순서대로 볶아요.

6. 삶은 국수에 볶은 채소와 **양념장**을 버무리고, 채 썬 황백 지단을 얹어 마무리.

the best recipe 6

Index

ㄱ
갈치조림 … 104
감자빈대떡 … 156
감자탕 … 46
건새우아욱국 … 180
고구마맛탕 … 164
고구마크로켓 … 166
고등어카레구이 … 96
곤약쑥갓무침 … 250
근대밥 … 182
김치찌개 … 56
김치콩나물밥 … 48
깐풍기 … 76
깻잎멸치찜 … 258
꼬시래기무침 … 145
꽃게탕 … 130
꽈리고추무침 … 173

ㄴ
노각생채 … 174

ㄷ
단호박전 … 160
달걀말이 … 222
달걀찜 … 224
달래굴파전 … 178
닭가슴살치즈지짐 … 68
닭고기냉채 … 78
닭다리굴소스볶음 … 66
닭다리살구이 … 64
닭봉감자탕 … 74
닭봉구이 … 80
닭봉단호박조림 … 70
대구탕 … 102
더덕생채 … 172
도라지오이생채 … 170
돼지갈비매운조림 … 52
돼지고기고추장찌개 … 50

두부전골 … 218
두부조림 … 214
두부찜 … 216

ㅁ
마른미역볶음 … 144
마파두부 … 54
만두전골 … 28
매콤낙지볶음 … 124
명란젓찌개 … 152
무청멸치조림 … 256
무초절임 … 184
미역국 … 142
미역굴밥 … 140

ㅂ
버섯국 … 236
버섯들깨탕 … 230
버섯불고기전골 … 232
버섯솥밥 … 228
보리밥쌈밥과 모둠쌈장 … 210
부대찌개 … 62
부추물만두와 군만두 … 44
북어튀김 … 98
북엇국 … 138
불고기샌드위치 … 36
비빔국수 … 270
비빔밥 … 38

ㅅ
삼계탕 … 72
새우볶음 … 114
새우커틀렛 … 112
샐러드김밥 … 252
생선표고탕수 … 100
소갈비구이 … 24
소고기뭇국 … 30
소고기사태떡찜 … 26

소고기영양죽 … 40
소고기장조림 … 34
소고기편채 … 42
순두부찌개 … 220
슈퍼샐러드 … 200
시즌샐러드 … 204
쌈배추겉절이 … 191

ㅇ
알감자조림 … 157
알밥 … 254
알탕 … 150
애호박새우젓볶음 … 158
양념꽃게장 … 132
양파장아찌 … 186
어묵뭇국 … 238
어묵볶음 … 240
얼갈이배춧국 … 196
연어구이 … 86
연어샐러드 … 88
영양밥 … 208
영양지짐 … 235
오이미역냉국 … 190
오이장아찌 … 188
오징어오이무침 … 126
오징어포고추장무침 … 248
오코노미야키 … 118
우럭매운탕 … 110
우엉연근초절임 … 175
우엉잡채 … 176

ㅈ
자반고등어찜 … 94
잔멸치볶음 … 260
쟁반냉면 … 264
제육채소볶음 … 60
조개칼국수 … 136
주꾸미덮밥 … 128

짬뽕 … 268

ㅊ
차돌박이구이 … 32
참치샌드위치 … 244
참치채소볶음 … 242
참치회덮밥 … 92
참치회무침 … 90
채소구이샐러드 … 206
채소샐러드 … 202
채소장떡 … 198
치킨바비큐 … 82

ㅋ
카레라이스 … 262
코다리양념구이 … 106
콩국수 … 266
콩나물골뱅이무침 … 246
콩나물국 … 192

ㅌ
통도라지구이 … 168

ㅍ
파래부침 … 146
팽이버섯무침 … 226
편육쌈 … 58
표고버섯양념구이 … 234
피망잡채 … 194

ㅎ
한치튀김 … 108
해물뚝배기 … 134
해물버섯잡채 … 120
해물볶음우동 … 122
해물파전 … 116
호박죽 … 162
홍합탕 … 148